NICO SAMFER

FRUGALISMO

VIVIR MEJOR CON MENOS

Título original: Frugalismo: vivir mejor con menos

ISBN:9798334290433

Primera edición: Agosto de 2024

Índice

Introducción: El despertar frugal

Querido lector, si has abierto este libro, es probable que una de estas tres cosas te haya pasado:

1. Tu cuenta bancaria te ha enviado un SOS en morse.

2. Has descubierto que tu armario es en realidad un portal a Narnia, lleno de ropa que ni recordabas haber comprado.

3. Te has dado cuenta de que tu relación más estable es con el repartidor de comida a domicilio.

Si te sientes identificado con alguna de estas situaciones (o con las tres, vete a saber), déjame darte la bienvenida al maravilloso, liberador y a veces hilarante mundo del frugalismo.

Pero antes de que empieces a imaginarme como un ermitaño barbudo viviendo en una cueva y comiendo raíces, permíteme presentarme. Soy Nico Samfer, exadicto a las compras compulsivas y actual entusiasta de vivir con menos, pero mejor. Y no, no vivo en una cueva (aunque admito que lo consideré brevemente durante mi fase de «extremismo frugal»).

Hace no mucho tiempo, yo era como tú. Bueno, quizás peor. Mi filosofía de vida se resumía en «compra ahora, preocúpate después». Mi tarjeta de crédito estaba más caliente que una sartén en pleno verano y mi cuenta de ahorros... Bueno, digamos que era más un concepto teórico que una realidad.

Recuerdo el día en que todo cambió. Estaba en mi apartamento, rodeado de cajas de Amazon (mi decoración por defecto), intentando encontrar un lugar para mi última adquisición imprescindible: un abridor de latas eléctrico con Bluetooth. Sí, lo sé, ríete. Yo ahora lo hago.

Fue en ese momento, mientras luchaba para encontrar un enchufe libre entre la maraña de cables de mis múltiples gadgets, cuando me golpeó la realidad: estaba ahogándome. No en deudas (bueno, también), sino en *cosas*. Cosas que no necesitaba, que no usaba, que no me hacían feliz. Era como si hubiera estado intentando llenar un vacío interior con objetos, solo para descubrir que el vacío crecía más con cada compra.

Y así, querido lector, comenzó mi viaje hacia el frugalismo. Un viaje lleno de risas (mayormente a costa de mi yo pasado), descubrimientos y, sí, algunos traspiés. Porque, seamos honestos, pasar de ser un maestro del despilfarro a un sabio de la frugalidad no es un camino recto. Es más bien como intentar caminar en línea recta después de una noche de fiesta: hay zigzagueos, tropiezos y algún que otro golpe contra el mobiliario de la vida.

En este libro, voy a compartir contigo todo lo que he aprendido en mi odisea frugal. Desde cómo sobrevivir a la temida «abstinencia de compras» (spoiler: no, no necesitas un grupo de apoyo, aunque a veces lo parezca), hasta cómo explicarle a tu abuela que no, no estás pasando necesidades solo porque ya no compras un teléfono nuevo cada seis meses.

Aprenderás a ver el mundo con ojos frugales, lo que significa que empezarás a ver oportunidades de ahorro en los lugares más insospechados. Advertencia: es posible que empieces a ver ofertas en tus sueños. No te preocupes, es normal.

Pero el frugalismo no se trata solo de ahorrar dinero. Se trata de redescubrir qué es lo verdaderamente importante en la vida. Es como hacer una limpieza de primavera en tu existencia, solo que en lugar de tirar trastos viejos, tiras hábitos de consumo innecesarios. Y créeme, es igual de liberador.

A lo largo de estas páginas, te contaré cómo el frugalismo cambió mi vida. Cómo pasé de ser un esclavo de las ofertas a ser el amo de mis finanzas. Cómo aprendí que la felicidad no se mide en megapíxeles o en pulgadas de pantalla. Y lo mejor de todo, cómo puedes hacer tú lo mismo sin tener que renunciar a todo lo que te gusta (sí, podrás seguir tomando tu café de especialidad, solo aprenderás a apreciarlo más).

Así que prepárate para reír, reflexionar y, quién sabe, tal vez hasta para cambiar tu vida. Bienvenido a *Frugalismo: Vivir Mejor con Menos*. Abróchate el cinturón (de segunda mano, por supuesto) y disfruta del viaje.

Y recuerda: en el camino hacia el frugalismo, los errores no son fracasos, son anécdotas esperando a ser contadas. Así que no te preocupes si tropiezas; yo estaré aquí para ayudarte a levantarte (y para reírnos juntos de la caída).

¿Listo para empezar? Pues adelante. Tu billetera está a punto de enviarte una carta de agradecimiento.

¿Qué es el frugalismo?

DEFINICIÓN Y PRINCIPIOS BÁSICOS

Muy bien, intrépido ahorrador, estás listo para sumergirte en las profundidades del frugalismo. Pero antes de que empieces a vender tu coche y a tejer tu propia ropa (tranquilo, no llegaremos a esos extremos... a menos que realmente quieras), vamos a definir qué demonios es esto del frugalismo.

Imagina por un momento que tu vida es como una gran fiesta. El frugalismo sería ese amigo sensato que te dice: «Oye, quizás no necesites ese quinto chupito de tequila». Solo que en lugar de chupitos, hablamos de gastos innecesarios. En esencia, el frugalismo es el arte de vivir bien con menos.

Pero ojo, no se trata de vivir como un monje ascético o de contar cada céntimo con una lupa (aunque si eso te hace feliz, ¡adelante!). El frugalismo es más bien como ser un ninja financiero: sigiloso, eficiente y capaz de hacer maravillas con recursos limitados.

Los principios básicos del frugalismo son simples, aunque ponerlos en práctica puede ser tan desafiante como resistirse a rascar esa picazón molesta (ya sabes, esa que siempre aparece en el momento más inoportuno):

1. **Gastar con conciencia**: Esto significa pensar antes de sacar la tarjeta. Pregúntate: «¿Realmente necesito esto, o solo estoy tratando de llenar un vacío existencial que sería mejor abordar con terapia?».

2. **Valorar experiencias sobre posesiones**: En otras palabras, elige la aventura sobre el armario lleno. Los recuerdos no ocupan espacio (bueno, excepto en tu teléfono, pero eso es otro tema).

3. **Buscar la calidad y durabilidad**: Es mejor

comprar una vez y comprar bien. Tu yo futuro te lo agradecerá cuando no tengas que reemplazar ese electrodoméstico barato cada seis meses.

4. **Cultivar la creatividad y el ingenio**: El frugalismo te desafía a pensar fuera de la caja. ¿Quién sabe? Podrías descubrir que eres un genio del bricolaje o un mago de la reutilización.

5. **Vivir por debajo de tus posibilidades**: Esto no significa vivir mal, sino vivir estratégicamente. Es como jugar al ajedrez con tu dinero, pero mucho más divertido.

Estos principios son la columna vertebral del frugalismo. Son como las reglas de *El Club de la Lucha*, solo que en lugar de no hablar sobre *El Club de la Lucha*, no paras de hablar sobre cuánto has ahorrado en tu última compra.

Diferencias entre frugalidad y tacañería

Ahora, antes de que empieces a tener pesadillas con cupones de descuento persiguiéndote, déjame aclarar algo: ser frugal no es lo mismo que ser un tacaño. Repite conmigo: «Frugal bueno, tacaño malo».

Imagina que la frugalidad y la tacañería son hermanas. La frugalidad es esa hermana cool que siempre sabe dónde están las mejores ofertas y cómo pasarlo bien sin gastar una fortuna. La tacañería, por otro lado, es esa hermana gruñona que se niega a poner el aire acondicionado incluso en plena ola de calor y reutiliza las bolsitas de té hasta que el agua sale prácticamente transparente.

Veamos algunas diferencias clave:

1. **Objetivo**:

   ○ **Frugal:** Busca optimizar el valor de cada euro gastado. Es como ser un francotirador financiero: cada gasto cuenta y tiene un propósito.

   ○ **Tacaño**: Busca gastar lo mínimo posible, punto. Es más bien como un huelguista de gastos.

2. **Calidad de vida**:

   ○ **Frugal**: Está dispuesto a gastar en cosas que realmente mejoran su vida. Por ejemplo, comprará un buen colchón porque valora un sueño reparador.

○ **Tacaño**: Dormirá en un colchón de piedra si eso significa ahorrar unos euros, aunque se despierte cada mañana necesitando un quiropráctico.

3. **Relaciones**:

○ **Frugal**: Valora las relaciones y está dispuesto a gastar en experiencias compartidas. Organizará una cena en casa en lugar de salir a un restaurante caro.

○ **Tacaño**: Evitará cualquier situación que implique gastar dinero, aunque eso signifique quedarse solo en casa contando sus monedas como Ebenezer Scrooge.

4. **Tiempo vs. Dinero**:

○ **Frugal**: Entiende que a veces gastar dinero puede ahorrar tiempo valioso. Pagará por un servicio si eso significa tener más tiempo para lo que realmente importa.

○ **Tacaño**: Pasará tres horas buscando cómo

ahorrar 50 céntimos, sin considerar que su tiempo también tiene valor.

5. **Generosidad**:

- ○ **Frugal**: Es generoso cuando es importante. Comprará un buen regalo para un ser querido, pero buscará la mejor oferta.

- ○ **Tacaño**: Regalará calcetines usados y jurará que es por el bien del planeta. (Consejo: no seas ese tipo de «ecologista»).

6. **Placer**:

- ○ **Frugal**: Se permite placeres, pero los elige cuidadosamente. Puede que se tome un café gourmet de vez en cuando, saboreando cada sorbo.

- ○ **Tacaño**: El placer es un concepto alienígena. Si pudiera vivir de aire y fotosintetizar, lo haría.

7. **Enfoque a largo plazo**:

- ○ **Frugal**: Piensa en el futuro. Invertirá en cosas que ahorrarán dinero a largo plazo, como paneles solares o un buen aislamiento para la casa.

- **Tacaño**: Solo ve el gasto inmediato. Preferiría congelarse en invierno antes que gastar en calefacción eficiente.

Así que ya ves, ser frugal no significa vivir una vida de privaciones y miseria. Es más bien como ser un gourmet del gasto: selectivo, apreciativo y siempre en busca de la mejor relación calidad-precio. La próxima vez que alguien te llame tacaño por no querer gastar 100 euros en una cena, puedes explicarles orgullosamente que no eres tacaño, sino un sofisticado practicante del arte del frugalismo.

CÓMO EL FRUGALISMO PUEDE MEJORAR TU VIDA

Ahora que hemos establecido que el frugalismo no implica vivir a base de lentejas y usar papel de periódico como papel higiénico (aunque, ¿quién sabe? Quizás descubras que te gusta la textura), vamos a hablar de cómo esta filosofía de vida puede mejorar tu existencia de maneras que ni siquiera habías imaginado.

Prepárate, porque estás a punto de embarcarte en un viaje de autodescubrimiento que haría que Paulo Coelho se pusiera verde de envidia. ¡Allá vamos!

1. **Libertad financiera (o cómo dejar de ser un esclavo de tu nómina).** Imagina un mundo donde no tengas que vender un riñón para llegar a fin de mes. Donde la llegada de una factura inesperada no te provoque un ataque de pánico. Ese mundo existe, y se llama frugalismo. Al adoptar un estilo de vida frugal, empezarás a construir un colchón financiero más mullido que el de la princesa del guisante. Poco a poco, verás cómo tu cuenta bancaria pasa de ser un páramo desértico a un exuberante oasis. Y lo mejor de todo, podrás dormir por las noches sin soñar con números rojos persiguiéndote.

2. **Menos estrés (o cómo dejar de parecer un personaje de Edvard Munch).** El estrés financiero es como ese familiar pesado que se autoinvita a todas las fiestas: no lo quieres allí, pero siempre encuentra la manera de colarse. El frugalismo es como un guardaespaldas que mantiene a raya a ese familiar indeseado. Al tener el control de tus finanzas, el estrés se reducirá drásticamente. Ya no tendrás que hacer

malabares con las facturas o jugar a la ruleta rusa con tu tarjeta de crédito. Podrás relajarte y disfrutar de la vida sin ese nudo constante en el estómago. ¡Incluso es posible que tus arrugas de preocupación comiencen a desaparecer! (Aunque no prometo nada, no soy dermatólogo).

3. **Mayor apreciación por lo que tienes (o cómo dejar de ser un acumulador compulsivo).** El frugalismo te enseña a valorar lo que ya tienes. Es como ponerte unas gafas mágicas que te permiten ver el verdadero valor de las cosas. De repente, ese viejo sofá que estabas pensando en reemplazar se convierte en tu rincón favorito para leer. Tu teléfono de hace dos años, que creías obsoleto, resulta que aún puede hacer llamadas, enviar mensajes e incluso ¡tomar fotos! ¿Quién lo hubiera dicho? Aprenderás a encontrar alegría en las cosas simples y a apreciar lo que realmente importa en la vida. Y no, no me refiero a tu colección de figuritas de acción de *Star Wars* (aunque si eso te hace feliz, ¡adelante!).

4. **Mejora en las relaciones (o cómo dejar de ser «ese amigo» que siempre olvida**

la cartera). El frugalismo puede mejorar tus relaciones de maneras sorprendentes. Por un lado, al tener tus finanzas bajo control, dejarás de ser esa persona que siempre está pidiendo prestado o inventando excusas para no salir. Además, aprenderás a valorar las experiencias compartidas por encima de las cosas materiales. Descubrirás que una noche de juegos de mesa con amigos puede ser mucho más divertida (y económica) que una salida a un bar de moda. Y lo mejor de todo, ¡no tendrás que lidiar con la resaca al día siguiente!

5. **Desarrollo de nuevas habilidades (o cómo convertirte en el MacGyver del siglo XXI).** El frugalismo es como un curso intensivo en creatividad y resolución de problemas. De repente, te encontrarás aprendiendo a cocinar platos gourmet con ingredientes de oferta, a reparar cosas que antes hubieras tirado sin pensarlo dos veces, o a convertir viejas camisetas en originales bolsas de compra. Quién sabe, podrías descubrir talentos ocultos que ni siquiera sabías que tenías. Tal vez te conviertas en un experto en jardinería urbana, cultivando tus propias verduras en el balcón. O quizás desarrolles habilidades de negociación dignas

de un diplomático de la ONU, todo gracias a tu búsqueda de las mejores ofertas.

6. **Mayor conciencia medioambiental (o cómo salvar el planeta sin unirte a Greenpeace).** Resulta que ser frugal es también ser amigo del medio ambiente. Al consumir menos y de manera más consciente, estarás reduciendo tu huella de carbono sin siquiera proponértelo. Es como ser un superhéroe ecológico en secreto. Empezarás a ver el potencial en cosas que antes considerabas basura. Esa botella de plástico podría convertirse en una original maceta. Ese viejo periódico podría transformarse en papel de regalo personalizado. Serás el rey o la reina del reciclaje y la reutilización, y el planeta te lo agradecerá.

7. **Más tiempo libre (o cómo dejar de ser un hámster en una rueda).** Uno de los beneficios más sorprendentes del frugalismo es que te regala tiempo. Sí, has leído bien. Al reducir tu necesidad de ganar y gastar constantemente, descubrirás que tienes más tiempo para las cosas que realmente importan. Podrías usar ese tiempo extra para aprender un nuevo idioma, retomar ese hobby que aban-

donaste hace años, o simplemente para echarte una siesta sin sentirte culpable. El tiempo es el único recurso que no puedes recuperar, y el frugalismo te ayuda a aprovecharlo al máximo.

8. **Mayor sensación de logro (o cómo sentirte como un ganador sin necesidad de un trofeo).** Cada vez que logres ahorrar en una compra, encontrar una alternativa creativa a un gasto o alcanzar una meta financiera, experimentarás una satisfacción comparable a ganar una medalla olímpica (bueno, casi). Esta sensación de logro puede ser adictiva (en el buen sentido). Te encontrarás estableciendo nuevos desafíos y superándolos, aumentando tu confianza y autoestima en el proceso. Antes de que te des cuenta, te sentirás capaz de conquistar el mundo (o al menos tu lista de compras).

9. **Mejor salud (o cómo evitar que tu cuerpo se convierta en un parque temático para médicos).** Sorprendentemente, el frugalismo puede tener beneficios para tu salud. Al cocinar más en casa, es probable que empieces a comer de forma más saludable. Al buscar alternativas gratuitas de entretenimiento, podrías descubrir el placer de caminar en el par-

que o andar en bicicleta. Además, al reducir el estrés financiero, tu sistema inmunológico te lo agradecerá. Podrías notar que te enfermas menos y que tienes más energía. ¡Es como tomar un suplemento vitamínico, pero mucho más barato!

10. **Una nueva perspectiva sobre la vida (o cómo dejar de ser un zombi consumista).** Quizás el beneficio más profundo del frugalismo es que te hace cuestionar el status quo. Empezarás a preguntarte si realmente necesitas todas esas cosas que la publicidad te dice que son imprescindibles. Descubrirás que la felicidad no se mide en el número de pares de zapatos que tienes o en el tamaño de tu televisor. Desarrollarás una nueva apreciación por las cosas verdaderamente importantes de la vida: las relaciones, las experiencias, el crecimiento personal. Es como si de repente te quitaras unas gafas de realidad aumentada que te hacían ver anuncios por todas partes y descubrieras que el mundo real es mucho más interesante.

Esta nueva perspectiva puede ser revolucionaria. Podrías descubrir que tu definición de éxito cambia completamente. Tal vez te des cuenta de que prefieres tener tiempo para perseguir tus pasiones que un coche de lujo. O que valoras más la libertad de viajar con una mochila que tener el armario lleno de ropa de diseñador.

En resumen, el frugalismo no solo mejora tu cuenta bancaria, sino que puede transformar tu vida entera. Es como un tratamiento de spa para tu alma, solo que en lugar de pepinos en los ojos, tendrás billetes (que no gastarás, por supuesto).

Así que ya lo ves, intrépido aprendiz de frugalismo. Este estilo de vida no se trata solo de contar centavos y renunciar a los pequeños placeres de la vida. Es una filosofía holística que puede mejorar prácticamente todos los aspectos de tu existencia. Desde tu salud física y mental hasta tus relaciones y tu impacto en el planeta.

Adoptar el frugalismo es como tomar la píldora roja en Matrix (referencia para frikis que he incluido gratis, de nada). Una vez que empiezas a ver el mundo a través de los lentes de la frugalidad, no hay vuelta atrás. Verás oportunidades donde antes solo veías gastos, descubrirás recursos que no sabías que tenías, y te darás cuenta de que la verdadera riqueza no se mide en euros, sino en libertad, satisfacción y tranquilidad.

Pero ojo, no esperes que este cambio ocurra de la noche a la mañana. El camino del frugalismo es un maratón, no un sprint. Habrá días en los que te sientas como un genio financiero, capaz de estirar un euro como si fuera chicle. Y habrá otros en los que te encuentres mirando con nostalgia ese gadget innecesario pero increíblemente cool en el escaparate.

Lo importante es recordar por qué empezaste este viaje. No se trata de privarte de todo placer en la vida, sino de ser más consciente y estratégico con tus recursos. Se trata de crear una vida que sea rica en todos los sentidos, no solo en el monetario.

Así que, valiente lector, ¿estás listo para dar el siguiente paso en tu viaje frugal? ¿Preparado para desafiar las normas del consumismo desenfrenado y descubrir una nueva forma de vivir? Pues abróchate el cinturón (de segunda mano, por supuesto), porque el viaje apenas comienza. Y te prometo que será una aventura más emocionante que buscar ofertas en un mercadillo... bueno, casi.

En el próximo capítulo, exploraremos cómo puedes empezar a implementar estos principios en tu vida diaria. Prepárate para reír, llorar (de alegría cuando veas crecer tus ahorros) y tal vez incluso para tener una epifanía o dos.

Hasta entonces, mantén tu cartera cerca y tus valores más cerca. Y recuerda: en el frugalismo, como en la vida, lo importante no es el destino, sino el viaje. Un viaje que, por cierto, haremos en transporte público porque es más barato y ecológico. ¡Nos vemos en la próxima parada de nuestra aventura frugal!

2

Mi camino hacia la frugalidad

La crisis que me llevó a cuestionar mi estilo de vida

Alguna vez has tenido uno de esos momentos en la vida en los que todo parece ir perfectamente hasta que, de repente, el universo decide darte una bofetada con un guante de terciopelo? Bueno, ese fue exactamente mi caso. Permíteme llevarte en un viaje al pasado, a ese fatídico día en que mi vida dio un giro de 180 grados y me encontré cara a cara con la cruda realidad de mis hábitos financieros.

Era un soleado día de primavera. Los pájaros cantaban, las flores florecían, y yo... bueno, yo estaba en mi salón, rodeado de cajas de Amazon como si fueran los muros de un castillo de cartón. Mi fortaleza del consumismo, si quieres llamarlo así.

Recuerdo que estaba desempaquetando mi última «necesidad imprescindible»: un dispensador de jabón automático con luces LED que cambiaban de color según la temperatura del agua. Sí, lo sé, tan innecesario como un bikini en el Polo Norte, pero en ese momento me parecía la cúspide de la sofisticación doméstica.

Fue entonces cuando sonó mi teléfono. Era mi jefe. Con la voz temblorosa de quien está a punto de dar malas noticias (o de quien acaba de comer un habanero sin querer), me informó que la empresa estaba haciendo «reestructuraciones». Ya sabes, ese eufemismo corporativo que significa «vamos a despedir a un montón de gente y esperamos que no nos demanden».

Y adivina quién estaba en la lista de «reestructurados». Sí, yo. El tipo con el dispensador de jabón más cool del vecindario, pero sin trabajo.

En ese momento, sentí como si el suelo se abriera bajo mis pies. No literalmente, por supuesto, aunque con la cantidad de cosas que había comprado últimamente, no me hubiera sorprendido que el piso cediera.

Miré a mi alrededor, a mi colección de gadgets inútiles, a mi armario lleno de ropa que solo había usado una vez, a mi nevera llena de comida gourmet que probablemente se echaría a perder antes de que pudiera comerla. Y entonces, como si fuera el protagonista de una película de bajo presupuesto, tuve una epifanía.

Mi estilo de vida, ese que yo creía que me hacía feliz, que me daba estatus, que me hacía sentir «realizado», no era más que una ilusión. Una ilusión cara, por cierto. Había estado llenando un vacío emocional con cosas materiales, como quien intenta llenar un barril sin fondo con agua.

Me di cuenta de que había estado viviendo al límite, gastando cada céntimo que ganaba (y algunos que aún no había ganado, gracias a mi fiel compañera, la tarjeta de crédito). No tenía ahorros, no tenía un plan B, ni siquiera tenía una hucha en forma de cerdito. Lo único que tenía era una colección impresionante de cosas que no necesitaba y una deuda que hacía parecer pequeña la deuda nacional de algunos países.

Fue en ese momento, sentado en el suelo rodeado de los restos de mi última compra compulsiva, cuando me di cuenta de que algo tenía que cambiar. No podía seguir así. No solo por mi cuenta bancaria, que parecía estar en cuidados intensivos, sino por mi salud mental, mi futuro y mi dignidad (porque, seamos honestos, no hay nada digno en tener que contar monedas para comprar pan a fin de mes).

Esta crisis, este momento de claridad inducido por el pánico, fue el catalizador que necesitaba. Fue como si de repente me quitara unas gafas de realidad aumentada que me hacían ver ofertas y «oportunidades únicas» por todas partes, y viera el mundo tal como es.

Y así, querido lector, comenzó mi viaje hacia el frugalismo. Un viaje que, te advierto, no fue fácil. Hubo lágrimas (principalmente cuando tuve que cancelar mis suscripciones a servicios de streaming), hubo risas (mayormente histéricas cuando me di cuenta de lo absurdo de algunas de mis compras pasadas), y hubo muchos, muchos momentos de «¿en qué estaba pensando?».

Pero antes de sumergirnos en los detalles de cómo navegué por estas aguas turbulentas, déjame decirte algo: si yo pude hacerlo, tú también puedes. Si yo, el rey de las compras impulsivas, el emperador de los gastos innecesarios, pude transformar mi vida y mis finanzas, cualquiera puede.

Así que prepárate, porque estás a punto de embarcarte en un viaje de autodescubrimiento, risas incómodas y, con suerte, iluminación financiera. ¡Allá vamos!

Mis primeros pasos en el mundo del frugalismo

Muy bien, ya sabemos cómo llegué al borde del precipicio financiero. Ahora, déjame contarte cómo di mis primeros pasos tambaleantes en el mundo del frugalismo. Spoiler: fue menos glamuroso que un desfile de moda en un vertedero, pero mucho más gratificante.

Paso 1: El Gran Despertar (o cómo dejé de negar la realidad)

El primer paso en mi viaje fue admitir que tenía un problema. Sí, como en esas reuniones de Adictos Anónimos, solo que en lugar de decir «Hola, me llamo Nico y soy alcohólico», yo tuve que decir «Hola, me llamo Nico y soy un comprador compulsivo con la capacidad de autocontrol de un niño en una tienda de dulces».

Este paso fue sorprendentemente difícil. Resulta que estaba más apegado a mi estilo de vida derrochador de lo que pensaba. Era como si mi tarjeta de crédito y yo tuviéramos una relación tóxica: sabía que me estaba haciendo daño, pero no podía dejarla.

Para enfrentar la realidad, hice algo que, en retrospectiva, fue tanto valiente como aterrador: revisé todos mis estados de cuenta de los últimos seis meses. Todas las compras, todos los cargos, todo. Fue como ver una película de terror financiera protagonizada por mí mismo.

Vi compras que ni siquiera recordaba haber hecho. Descubrí suscripciones a servicios que nunca usaba. Me enfrenté a la cruda realidad de cuánto gastaba en comida para llevar y en «ofertas imperdibles» que resultaron ser perfectamente perdibles.

Al final de este ejercicio de autoconsciencia financiera, estaba sudando más que un helado en el desierto. Pero también estaba decidido a cambiar. Había tocado fondo y la única dirección posible era hacia arriba.

Paso 2: La Gran Purga (o cómo convertí mi casa en un mercadillo)

Una vez que acepté mi problema, era hora de tomar medidas drásticas. Miré a mi alrededor y me di cuenta de que mi casa parecía más un almacén de cosas innecesarias que un hogar. Así que decidí hacer una purga masiva.

Armado con bolsas de basura y una determinación feroz, me dispuse a liberar mi espacio (y mi vida) de todo lo superfluo. Fue como un episodio de esos programas de televisión sobre acumuladores compulsivos, solo que yo era tanto el acumulador como el experto en organización.

Establecí tres categorías: conservar, vender y donar. Al principio, todo me parecía indispensable. Ese abridor de latas eléctrico que nunca había usado pero que seguramente necesitaría algún día. Esa colección de DVD's en una era de streaming. Ese equipo de ejercicio que usaba principalmente como perchero improvisado.

Pero a medida que avanzaba, se volvió más fácil. Incluso llegó a ser liberador. Cada objeto que decidía no conservar era como quitarme un peso de encima. Literalmente.

El proceso no estuvo exento de momentos hilarantes. Como cuando encontré una máquina para hacer helados que había comprado en un arrebato de «voy a ser el próximo gran chef de postres» y que había usado exactamente una vez (el resultado fue más «desastre nuclear» que «delicia veraniega»).

O cuando descubrí que tenía suficientes cables y cargadores como para cablear una pequeña ciudad. Aparentemente, había estado operando bajo la creencia de que los cables se reproducían por mitosis y necesitaba tener una población saludable.

Al final del proceso, mi casa parecía más grande, más luminosa y definitivamente menos caótica. Y yo me sentía más ligero, como si hubiera perdido peso emocional junto con todas esas posesiones innecesarias.

Paso 3: El Presupuesto de la Iluminación (o cómo descubrí que las matemáticas pueden ser tu amigo)

Con mi espacio físico despejado, era hora de despejar mi espacio financiero. Era el momento de enfrentarme a esa palabra que antes me daba más miedo que una película de terror: presupuesto.

Armado con una hoja de cálculo (y una botella de vino para el valor líquido), me senté a crear mi primer presupuesto real. Fue como tratar de resolver un rompecabezas donde todas las piezas son del mismo color y forma. Frustrante, confuso, pero extrañamente satisfactorio cuando las cosas empezaban a encajar.

Dividí mis gastos en categorías: necesidades (como alquiler, comida, servicios básicos) y deseos (básicamente todo lo demás). Fue un ejercicio revelador. Resulta que no necesitaba seis servicios de streaming diferentes, ni una suscripción mensual a una caja de «sorpresas gourmet» que invariablemente terminaba en el fondo de mi despensa.

Establecer límites para cada categoría fue como negociar con un niño caprichoso (yo mismo). «No, no necesitas gastar tanto en ropa este mes. Sí, sé que hay una super oferta, pero no, aun así no lo necesitas».

Pero lo más sorprendente fue descubrir cuánto dinero podía ahorrar haciendo pequeños cambios. Resulta que preparar mi propio café en lugar de comprar uno de camino al trabajo todos los días podía ahorrarme suficiente dinero al mes como para pagar una pequeña nación insular (bueno, tal vez exagero, pero se sentía así).

Paso 4: La Búsqueda del Tesoro Frugal (o cómo redescubrí la biblioteca pública)

Con mi nuevo presupuesto en mano, era hora de encontrar formas de vivir bien gastando menos. Y así comenzó mi búsqueda del tesoro frugal.

Descubrí un mundo de recursos gratuitos o de bajo costo que había estado ignorando todo este tiempo. La biblioteca pública, por ejemplo, se convirtió en mi nuevo lugar favorito. ¿Quién hubiera pensado que podías leer libros gratis? ¡Gratis! Era como Netflix, pero para libros, y sin la mensualidad.

También redescubrí el placer de cocinar en casa. Resultó que no necesitaba ser un chef de cinco estrellas para preparar comidas deliciosas y económicas. Mi primera intentona de hacer pan casero resultó en algo más parecido a un ladrillo que a una hogaza, pero hey, ¡era mi ladrillo! Y con práctica, mejoré. Pronto, mi cocina olía más a hierbas frescas y menos a comida para llevar.

Aprendí el arte del «upcycling», convirtiendo viejas camisetas en bolsas de compras y frascos de vidrio en macetas chic. Era como tener superpoderes de transformación, solo que en lugar de convertirme en un superhéroe, convertía basura en tesoros.

Y no puedo olvidar mencionar mi descubrimiento de los mercados de segunda mano y las tiendas de caridad. Era como una búsqueda del tesoro para adultos. Nunca sabías qué gemas podrías encontrar. Una vez encontré un abrigo de diseñador por el precio de un café con leche. ¡Toma ya, moda rápida!

Paso 5: La Iluminación Frugal (o cómo aprendí a amar el ahorro)

Poco a poco, estos nuevos hábitos comenzaron a sentirse naturales. Ya no veía el frugalismo como una sentencia de privación, sino como un desafío creativo. Era como un juego donde el objetivo era ver cuánto podía estirar cada euro.

Comencé a sentir una satisfacción profunda cada vez que encontraba una manera de ahorrar dinero o de reutilizar algo. Era como si cada pequeña victoria frugal me diera un subidón de dopamina. ¿Quién necesita compras compulsivas cuando puedes tener la emoción de hacer tu propio detergente casero?

Y lo mejor de todo, comencé a ver resultados tangibles. Mi cuenta bancaria, que antes parecía tener un agujero negro en el fondo, comenzó a crecer. Lentamente al principio, luego más rápido. Era como ver crecer una planta: al principio apenas notas la diferencia, pero un día te despiertas y ¡bam! Tienes un árbol de dinero (metafóricamente hablando, claro).

Estos primeros pasos en el mundo del frugalismo fueron desafiantes, a veces frustrantes, pero increíblemente gratificantes. Fue como aprender un nuevo idioma, el idioma del ahorro y la gestión financiera inteligente. Y aunque todavía estaba lejos de ser fluido, cada día me sentía más cómodo en mi nueva piel frugal.

Pero no pienses que todo fue un camino de rosas. Oh no, querido lector. Hubo obstáculos, hubo dudas, hubo momentos en los que quise tirar la toalla y volver a mis viejos hábitos de gasto desenfrenado. Pero esa es una historia para la siguiente sección...

Obstáculos y dudas iniciales

Ah, los obstáculos y las dudas. Esos viejos amigos que siempre aparecen cuando estás tratando de hacer un cambio positivo en tu vida. Como esa tía lejana que solo te llama cuando necesita algo, pero en este caso, lo que necesitan es sabotear tu progreso. Permíteme compartir contigo algunos de los desafíos que enfrenté en mi camino hacia el frugalismo y cómo (más o menos) los superé.

El Síndrome de Abstinencia de Compras

El primer y más grande obstáculo fue lo que yo llamo el «Síndrome de Abstinencia de Compras». Resulta que dejar de comprar cosas innecesarias era más difícil de lo que pensaba. Era como si mi dedo tuviera vida propia y quisiera hacer clic en «Comprar ahora» cada vez que veía algo brillante en Internet.

Los primeros días fueron los peores. Cada vez que pasaba por delante de una tienda, sentía como si los escaparates me llamaran. «¡Psst! ¡Eh, tú! ¿No quieres este gadget que no sabías que existía hace cinco minutos pero que ahora es imprescindible para tu vida?» Era como ser un exfumador en una convención de cigarrillos.

Para combatir esto, tuve que ser creativo. Cada vez que sentía el impulso de comprar algo, me obligaba a esperar 24 horas. Si al día siguiente seguía queriendo el artículo (spoiler: casi nunca era así), entonces lo consideraba seriamente. También empecé a llevar un diario de «Compras que no hice», donde anotaba todas las cosas que quería comprar pero no compré, junto con el dinero que había ahorrado. Ver esa cantidad crecer fue sorprendentemente satisfactorio.

La Presión Social o «¿Por qué ya no sales con nosotros?»

Otro obstáculo importante fue la presión social. Resulta que gran parte de mi vida social giraba en torno a actividades que implicaban gastar dinero. Cenas en restaurantes caros, salidas a bares de moda, compras «terapéuticas» con amigos...

Cuando empecé a declinar estas invitaciones, mis amigos pensaron que me había unido a algún tipo de culto financiero. «¿Qué pasa? ¿Ya no te gusta divertirte?» o «Vamos, una noche no te va a arruinar» eran frases que escuchaba a menudo.

Tuve que aprender a ser creativo con mis propuestas de planes. Organicé cenas en casa donde cada uno traía un plato, descubrí parques y museos gratuitos que nunca había visitado, e incluso inicié un club de lectura (gracias, biblioteca pública). Poco a poco, algunos amigos empezaron a apreciar estos planes más económicos e incluso a adoptarlos ellos mismos.

Otros, lamentablemente, se distanciaron. Pero me di cuenta de que quizás nuestra amistad se basaba más en el consumo compartido que en una conexión real. Fue una lección dura, pero necesaria.

La Duda Constante o «¿Estoy haciendo lo correcto?»

A pesar de ver mejoras en mi cuenta bancaria y en mi nivel de estrés, había días en los que la duda me carcomía. ¿Estaba privándome demasiado? ¿Valía la pena todo este esfuerzo? ¿No estaría mejor si simplemente viviera el momento y me preocupara por las consecuencias después?

Estas dudas solían aparecer en los momentos más inoportunos. Como cuando veía en redes sociales a mis amigos disfrutando de unas vacaciones de lujo mientras yo estaba en casa, orgulloso de haber ahorrado haciendo mi propio café, pero también un poco envidioso.

Para combatir estas dudas, empecé a llevar un diario de gratitud frugal. Cada día anotaba algo positivo que había resultado de mi nuevo estilo de vida. Podía ser algo tan simple como «Hoy disfruté de un atardecer en el parque en lugar de estar encerrado en un centro comercial» o algo más sustancial como «Este mes pude hacer mi primera contribución significativa a mi fondo de emergencia».

Este ejercicio me ayudó a mantener el rumbo en los días difíciles y a recordar por qué había empezado este viaje en primer lugar.

El Síndrome del Impostor Frugal

A medida que avanzaba en mi viaje frugal, me encontré con un obstáculo inesperado: el Síndrome del Impostor Frugal. Había días en los que me sentía como un fraude. ¿Quién era yo para hablar de frugalidad cuando hace apenas unos meses era el rey de las compras compulsivas?

Cada vez que cometía un desliz (porque sí, los tuve), me sentía como si todo mi progreso se hubiera ido por el desagüe. Una vez, en un momento de debilidad, compré un par de zapatos que no necesitaba realmente. Pasé los siguientes tres días sintiéndome como si hubiera cometido un crimen financiero.

Tuve que aprender a ser más compasivo conmigo mismo. El frugalismo no se trata de la perfección, sino del progreso. Cada error era una oportunidad de aprendizaje, no un fracaso total.

La Montaña Rusa Emocional

Nadie me había advertido que el frugalismo podía ser toda una montaña rusa emocional. Había días en los que me sentía como un genio financiero, capaz de estirar un euro como si fuera chicle. Y había otros en los que me sentía miserable, como si me estuviera perdiendo todo lo bueno de la vida.

Aprendí que era normal tener estos altibajos. El truco estaba en no tomar decisiones financieras basadas en emociones temporales. Desarrollé estrategias para lidiar con estos momentos, como darme pequeños «premios» frugales cuando alcanzaba una meta de ahorro, o permitirme un gasto ocasional planificado para no sentirme completamente privado.

El Desafío de la Paciencia

Quizás el obstáculo más difícil fue aprender a ser paciente. En nuestra cultura de gratificación instantánea, esperar para ver los resultados de mis esfuerzos frugales fue todo un desafío.

Al principio, me frustraba no ver cambios dramáticos de inmediato. Quería que mi cuenta de ahorros se inflara como por arte de magia, que todas mis deudas desaparecieran de la noche a la mañana.

Tuve que aprender que el frugalismo es más un maratón que una carrera de velocidad. Los resultados llegaban, pero a su propio ritmo. Empecé a celebrar las pequeñas victorias: el primer mes que gasté menos de lo presupuestado, la primera factura de tarjeta de crédito que pude pagar en su totalidad, el primer «no» que pude decir a una compra impulsiva sin sentirme miserable después.

El Arte de Explicar (o no) tu Nuevo Estilo de Vida

Un desafío inesperado fue aprender a explicar mi nuevo estilo de vida a los demás. Algunas personas eran genuinamente curiosas y apoyaban mi decisión. Otras... bueno, digamos que reaccionaban como si les hubiera dicho que había decidido vivir como un ermitaño en una cueva.

Aprendí que no siempre era necesario dar largas explicaciones. A veces, un simple «Estoy tratando de ser más consciente con mis gastos» era suficiente. Otras veces, optaba por el humor: «Estoy en una relación seria con mi cuenta de ahorros y no quiero ponerla celosa».

Con el tiempo, descubrí que mi ejemplo silencioso era más poderoso que cualquier explicación. Cuando la gente veía cómo mi estrés disminuía y mi satisfacción aumentaba, algunos incluso empezaron a pedirme consejos.

La Tentación del «Solo por Esta Vez»

La tentación del «solo por esta vez». Ese susurro traicionero que te dice que está bien hacer una excepción, que una pequeña indulgencia no hará daño. El problema es que «solo por esta vez» tiene la mala costumbre de convertirse en «otra vez» y «otra vez más».

Tuve que aprender a distinguir entre una verdadera excepción justificada y una excusa para volver a mis viejos hábitos. Establecí reglas claras para mí mismo sobre cuándo estaba bien hacer una excepción y cuándo no. Y lo más importante, aprendí a no castigarme cuando cedía a una tentación ocasional, sino a volver al camino frugal con renovada determinación.

El Desafío de Mantener la Motivación

Mantener la motivación a largo plazo fue otro gran desafío. Al principio, el entusiasmo por mi nuevo estilo de vida me mantenía en marcha. Pero con el tiempo, la novedad se desvaneció y hubo momentos en los que el frugalismo se sentía más como una tarea que como una elección liberadora.

Para combatir esto, tuve que recordarme constantemente por qué había empezado este viaje. Pegué notas motivadoras en mi nevera, creé un collage con imágenes de mis metas financieras, e incluso escribí una carta a mi yo futuro describiendo la vida que quería lograr gracias al frugalismo.

También aprendí a celebrar cada hito, por pequeño que fuera. Cada meta de ahorro alcanzada, cada deuda pagada, cada mes que lograba mantenerme dentro del presupuesto era una victoria que merecía ser celebrada (de manera frugal, por supuesto).

A pesar de todos estos obstáculos y dudas, cada pequeño paso adelante me hacía más fuerte y más seguro en mi camino. Poco a poco, el frugalismo dejó de ser algo que estaba tratando de hacer y se convirtió en una parte integral de quién era yo.

Y así, querido lector, es como superé (más o menos) los obstáculos iniciales en mi viaje hacia el frugalismo. No fue fácil, hubo lágrimas, risas, y más de un momento de «¿En qué me he metido?». Pero al final, cada desafío superado me acercó un paso más a la libertad financiera y a una vida más satisfactoria.

Recuerda, el camino hacia el frugalismo es diferente para cada persona. Tendrás tus propios obstáculos que superar y tus propias dudas que enfrentar. Pero si yo, el ex rey de las compras compulsivas, pude hacerlo, tú también puedes. Así que ánimo, mantén la determinación y no olvides reírte de ti mismo de vez en cuando. Después de todo, el sentido del humor es gratis, y eso es lo más frugal que hay.

3

Los beneficios del frugalismo

Felicitaciones, eres oficialmente un frugalista en entrenamiento. Ahora, prepárate para descubrir los jugosos beneficios que te esperan en este camino de moderación y astucia financiera.

Libertad financiera y paz mental

La libertad financiera. Ese concepto mítico que suena tan lejano como ganar el premio gordo de la lotería o encontrar un unicornio en tu jardín. Pero déjame decirte algo: con el frugalismo, la libertad financiera pasa de ser un sueño inalcanzable a una meta alcanzable.

Es como pasar de «Algún día iré a la luna» a «Voy a subir esa colina de allí». Sigue siendo un desafío, pero al menos está en el reino de lo posible.

El fin de la montaña rusa financiera

¿Recuerdas esos días en los que mirar tu saldo bancario era más aterrador que ver una película de terror? ¿Cuando el sonido de una notificación de tu banco te hacía sudar frío? Bueno, prepárate para decir adiós a esa montaña rusa emocional.

Con el frugalismo, empiezas a construir un colchón financiero más mullido que el de la princesa del guisante. Poco a poco, verás cómo tu cuenta bancaria pasa de ser un páramo desértico a un exuberante oasis. Y lo mejor de todo, podrás dormir por las noches sin soñar con números rojos persiguiéndote.

El superpoder de decir «no»

Uno de los beneficios más sorprendentes del frugalismo es el desarrollo de un nuevo superpoder: la capacidad de decir «no». No a las compras impulsivas, no a los gastos innecesarios, no a las presiones sociales para gastar.

Al principio, usar este superpoder puede sentirse incómodo. Es como estrenar zapatos nuevos: un poco rígido al principio, pero con el tiempo se vuelve natural y cómodo. Y la mejor parte es que cada «no» a un gasto innecesario es un «sí» a tu libertad financiera.

La paz mental de tener un plan

El frugalismo te obliga a crear un plan financiero, y tener un plan es como tener un mapa en un territorio desconocido. De repente, el futuro ya no parece tan incierto y aterrador.

Saber que estás preparado para emergencias, que estás construyendo tu futuro y que tienes el control de tus finanzas trae una paz mental que ninguna compra puede igualar. Es como tener un salvavidas en medio del océano: puede que las olas sigan ahí, pero ya no te sientes a merced de ellas.

Reducción del estrés y mejora de las relaciones personales

Prepárate para una revelación sorprendente: resulta que el dinero SÍ puede comprar la felicidad... cuando lo usas para liberarte del estrés financiero. ¿Quién lo hubiera pensado?

Adiós, estrés financiero

El estrés financiero es como ese familiar pesado que se autoinvita a todas las fiestas: no lo quieres allí, pero siempre encuentra la manera de colarse. El frugalismo es como un guardaespaldas que mantiene a raya a ese familiar indeseado.

Al tener el control de tus finanzas, el estrés se reduce drásticamente. Ya no tendrás que hacer malabares con las facturas o jugar a la ruleta rusa con tu tarjeta de crédito. Podrás relajarte y disfrutar de la vida sin ese nudo constante en el estómago. ¡Incluso es posible que tus arrugas de preocupación comiencen a desaparecer! (Aunque no prometo nada, no soy dermatólogo).

Mejora en las relaciones personales

Sorprendentemente, el frugalismo puede ser un potenciador de relaciones. ¿Cómo? Bueno, para empezar, ya no serás *ese amigo* que siempre está pidiendo prestado o inventando excusas para no salir.

Además, al reducir el estrés financiero, te vuelves una persona más agradable en general. Es difícil ser el alma de la fiesta cuando estás constantemente preocupado por cómo vas a pagar las facturas.

Y aquí viene la parte realmente interesante: el frugalismo te obliga a ser creativo con tus actividades sociales. En lugar de simplemente ir a un restaurante caro o a un bar, empiezas a organizar picnics en el parque, noches de juegos en casa, o exploraciones urbanas. Estas experiencias compartidas a menudo resultan ser mucho más memorables y fortalecedoras para las relaciones que simplemente gastar dinero juntos.

La comunicación financiera en pareja

Si estás en una relación, el frugalismo puede ser un verdadero cambio de juego. Las discusiones sobre dinero son una de las principales causas de conflicto en las parejas. Pero cuando ambos están en la misma página financiera, trabajando juntos hacia metas comunes, es como si de repente estuvieran jugando en el mismo equipo en lugar de uno contra el otro.

Claro, puede que haya algunos desacuerdos iniciales. («¿Qué quieres decir con que mi colección de figuras de acción no es una *inversión*?») Pero con el tiempo, la transparencia y la planificación conjunta pueden fortalecer enormemente la relación.

Impacto positivo en el medio ambiente

Aquí viene una ventaja inesperada del frugalismo: resulta que ser tacaño... perdón, «financieramente consciente», es también ser amigo del medio ambiente. ¡Sorpresa! Eres un superhéroe ecológico y ni siquiera lo sabías.

Consumo reducido = Planeta más feliz

Al comprar menos, automáticamente reduces tu huella de carbono. Cada producto no comprado es un producto que no necesita ser fabricado, empaquetado, transportado y eventualmente desechado. Es como si cada «no» a una compra innecesaria fuera un pequeño abrazo al planeta.

El arte del reciclaje y la reutilización

El frugalismo te convierte en un maestro del reciclaje y la reutilización. De repente, empiezas a ver el potencial en cosas que antes considerabas basura. Esa botella de plástico podría convertirse en una original maceta. Ese viejo periódico podría transformarse en papel de regalo personalizado.

Antes de que te des cuenta, tu casa parecerá el taller de un inventor loco, lleno de proyectos de «upcycling» a medio terminar. Pero hey, al menos estarás salvando el planeta, ¿verdad?

La belleza de lo duradero

El frugalismo te enseña a valorar la calidad y la durabilidad sobre la cantidad. En lugar de comprar productos baratos que se rompen fácilmente y terminan en el vertedero, empiezas a invertir en artículos de mejor calidad que duran más tiempo.

Es como la diferencia entre tener un armario lleno de ropa barata que se deshilacha después de dos lavadas, y tener un armario más pequeño pero lleno de piezas bien hechas que duran años. No solo ahorras dinero a largo plazo, sino que también reduces significativamente tu impacto ambiental.

Redescubrimiento de lo verdaderamente importante

Y aquí llegamos al beneficio más profundo y filosófico del frugalismo. Prepárate para un momento de iluminación digno de una película de Kung Fu.

La gran revelación: Las cosas no te hacen feliz

Shock, horror, sorpresa: resulta que la felicidad no se mide en el número de pares de zapatos que tienes o en el tamaño de tu televisor. ¿Quién lo hubiera pensado?

El frugalismo te obliga a cuestionar tus valores y prioridades. Empiezas a preguntarte: «¿Realmente necesito esto? ¿Me hará más feliz a largo plazo?» Y en ese proceso de cuestionamiento, a menudo descubres que las cosas que realmente te hacen feliz no tienen precio... o al menos, no cuestan tanto como pensabas.

El poder de las experiencias

A medida que reduces tu enfoque en las posesiones materiales, comienzas a valorar más las experiencias. Un atardecer en la playa, una caminata por el bosque, una noche de risas con amigos... estas son las cosas que crean recuerdos duraderos y una sensación de satisfacción que ninguna compra puede igualar.

Y lo mejor de todo, muchas de estas experiencias son gratuitas o de bajo costo. Es como si el universo te estuviera diciendo: «Hey, las mejores cosas de la vida son gratis... o al menos, bastante baratas».

El tiempo: Tu nuevo mejor amigo

Uno de los beneficios más sorprendentes del frugalismo es que te regala tiempo. Sí, has leído bien. Al reducir tu necesidad de ganar y gastar constantemente, descubres que tienes más tiempo para las cosas que realmente importan.

Podrías usar ese tiempo extra para aprender un nuevo idioma, retomar ese hobby que abandonaste hace años, o simplemente para echarte una siesta sin sentirte culpable. El tiempo es el único recurso que no puedes recuperar, y el frugalismo te ayuda a aprovecharlo al máximo.

La satisfacción del crecimiento personal

A medida que te adentras en el frugalismo, descubres nuevas habilidades y talentos que ni siquiera sabías que tenías. De repente, te encuentras cocinando comidas gourmet con ingredientes de oferta, reparando cosas que antes hubieras tirado, o cultivando tu propio huerto urbano.

Esta sensación de crecimiento y autosuficiencia trae una satisfacción que ninguna compra puede igualar. Es como si cada nuevo skill que desarrollas fuera un logro desbloqueado en el juego de la vida.

En resumen, los beneficios del frugalismo van mucho más allá de simplemente ahorrar dinero. Es un cambio de estilo de vida que puede traer libertad financiera, paz mental, mejores relaciones, un impacto positivo en el medio ambiente y un redescubrimiento de lo que realmente importa en la vida.

Así que la próxima vez que alguien te mire con lástima cuando menciones que eres frugal, puedes sonreír con conocimiento. Porque sabes que has descubierto un secreto que muchos tardan toda una vida en aprender: que la verdadera riqueza no se mide en dinero, sino en libertad, paz mental y satisfacción personal.

Y eso, querido lector, es algo que no tiene precio... aunque, irónicamente, es bastante barato de obtener.

4

Cómo adoptar un estilo de vida frugal

Ha llegado el momento, valiente aprendiz de frugalismo. Es hora de remangarse y ensuciarse las manos (metafóricamente, claro está; no queremos gastar en jabón extra). Has superado la crisis existencial, has dado tus primeros pasos tambaleantes, y ahora estás listo para sumergirte de lleno en las profundidades del maravilloso mundo del ahorro. En este capítulo, nos adentraremos en el corazón palpitante del frugalismo. Prepárate para una montaña rusa de emociones, algunas risas incómodas y, con un poco de suerte, el gratificante sonido de una cuenta bancaria cada vez más saludable.

Evaluación de tus gastos y necesidades reales

Antes de empezar a cortar gastos como un jardinero enloquecido, necesitamos saber exactamente qué estamos cortando. Es hora de hacer una evaluación honesta de tus gastos y necesidades. Agarra un café (hecho en casa, por supuesto), respira hondo, y prepárate para enfrentarte a la cruda realidad de tus hábitos de gasto.

El temido registro de gastos

Lo primero es lo primero: necesitas llevar un registro detallado de todos tus gastos durante al menos un mes. Y cuando digo todos, me refiero a TODOS. Desde esa factura mensual de Netflix hasta el chicle que compraste en el supermercado. Cada. Centavo. Cuenta.

Sé que suena tan divertido como hacer la declaración de la renta, pero confía en mí, es necesario. Considera esto como una expedición arqueológica a las profundidades de tus finanzas. Quién sabe, podrías descubrir fósiles financieros que ni siquiera recordabas que existían.

Hay varias formas de hacer esto:

1. **El método *old school***: Lleva una libreta y un bolígrafo contigo y anota cada gasto. Ventaja: te hace muy consciente de cada compra. Desventaja: pareces un contable obsesivo del siglo XIX.

2. **El método digital**: Usa una app de seguimiento de gastos. Ventaja: fácil y conveniente. Desventaja: otra app más para distraerte de tu tiempo de scrolling en redes sociales.

3. **El método híbrido**: Guarda todos los recibos y regístralos al final del día. Ventaja: un buen término medio. Desventaja: tu cartera parecerá que ha explotado una fábrica de papel.

La gran revelación

Una vez que tengas un mes de datos, es hora de la gran revelación. Siéntate, respira hondo, y prepárate para posiblemente gritar: «¡¿Gasté cuánto en qué?!».

Categoriza tus gastos. Las categorías típicas incluyen:

- Vivienda (alquiler/hipoteca, servicios, etc.)

- Alimentación (supermercado, restaurantes,

esa adicción al café que niegas tener)

- Transporte (coche, transporte público, ese taxi que cogiste a las 3 de la mañana)

- Entretenimiento (Netflix, Spotify, esa suscripción al gimnasio que usas... a veces)

- Compras (ropa, gadgets, esa figurita de colección que "seguro que valdrá una fortuna algún día")

- Deudas (préstamos, tarjetas de crédito, ese dinero que le debes a tu hermana)

Ahora, prepárate para la parte divertida (y por divertida, quiero decir potencialmente traumática): calcula cuánto gastas en cada categoría.

El juego de «¿Necesidad o Capricho?»

Con tus gastos categorizados, es hora de jugar a «¿Necesidad o Capricho?». Para cada gasto, pregúntate:

1. ¿Realmente necesito esto para sobrevivir?

2. ¿Me hace genuinamente feliz o solo me da un subidón temporal de dopamina?

3. ¿Hay una alternativa más barata que cumpla la misma función?

4. Si tuviera que justificar este gasto ante un tribunal de abuelas frugales, ¿podría hacerlo sin sonrojarme?

Sé brutalmente honesto contigo mismo. ¿Ese servicio de streaming que solo usas para ver una serie al año? Capricho. ¿Esa suscripción a la revista de moda que solo hojeas en el baño? Capricho. ¿Ese seguro médico que odias pagar pero que salvó tu trasero cuando te caíste intentando hacer yoga extremo? Necesidad.

La iluminación frugal

Al final de este proceso, deberías tener una imagen clara de dónde va tu dinero y qué gastos son realmente necesarios. Es posible que te sientas un poco avergonzado, quizás un poco asustado, pero también empoderado. Porque ahora tienes el conocimiento, y como decía G.I. Joe, el conocimiento es la mitad de la batalla (la otra mitad es no gastar en figuras de acción de G.I. Joe).

TÉCNICAS PARA REDUCIR GASTOS SIN SACRIFICAR CALIDAD DE VIDA

Ahora que sabes dónde va tu dinero, es hora de empezar a hacer algunos cambios. Pero no te preocupes, no vamos a vivir a base de arroz y frijoles (a menos que realmente te guste el arroz y los frijoles, en cuyo caso, ¡adelante!). El objetivo es reducir gastos sin convertir tu vida en un festival de miseria. Aquí tienes algunas técnicas para empezar:

El arte del «downgrade estratégico»

El downgrade estratégico es como jugar al Tetris con tus gastos: intentas hacer que todo encaje sin perder la esencia del juego. Algunos ejemplos:

* En lugar de cancelar todas tus suscripciones de streaming, elige la que más uses y cancela el resto. O mejor aún, haz un pacto con amigos para compartir cuentas. Tú pagas Netflix, tu amigo paga HBO, y tu otro amigo... bueno, él puede traer las palomitas.

* Cambia tu plan de teléfono a uno más barato. ¿De verdad necesitas 100GB de datos al mes? A menos que estés planeando transmitir en

vivo tu vida 24/7, probablemente puedas arreglártelas con menos.

• Si eres miembro de un gimnasio de lujo, considera cambiarte a uno más básico. Los abs se hacen en la cocina, no en la sala de máquinas con televisores individuales.

La magia del DIY (Hazlo tú mismo)

Descubre tu artista/chef/peluquero interior y empieza a hacer cosas por ti mismo. Algunas ideas:

• Aprende a cortarte el pelo. Sí, los primeros intentos pueden ser... interesantes. Pero hey, el pelo crece, y tu cuenta bancaria te lo agradecerá.

• Cocina en casa. No solo ahorrarás dinero, sino que impresionarás a tus amigos con tus habilidades culinarias recién descubiertas. O al menos, los entretendrás con tus desastres en la cocina.

• Haz tus propios regalos. Nada dice «te quiero» como un regalo hecho a mano. O «soy frugal», dependiendo de cómo lo mires.

El poder de la planificación

Planificar puede parecer aburrido, pero es como tener superpoderes financieros. Algunas estrategias:

- Planifica tus comidas. Evitarás compras impulsivas en el supermercado y reducirás el desperdicio de alimentos. Además, no tendrás que enfrentarte al eterno dilema de «¿Qué cenamos hoy?».

- Usa listas de compras. Entra al supermercado con un plan y sal con tu dignidad (y tu presupuesto) intactos.

- Planifica tus grandes compras. Espera a las rebajas para esos artículos que realmente necesitas. Black Friday, Cyber Monday, el cumpleaños de tu tía Enriqueta... cualquier excusa es buena para conseguir un descuento.

La regla de las 24 horas

Para combatir las compras impulsivas, implementa la regla de las 24 horas. Cuando quieras comprar algo que no sea esencial, espera 24 horas antes de hacerlo. La mayoría de las veces, te darás cuenta de que realmente no lo necesitabas. Y si después de 24 horas sigues queriendo ese dispositivo para pelar ajos con control remoto, bueno, al menos fue una decisión meditada.

El trueque no ha muerto

Redescubre el antiguo arte del trueque. Intercambia habilidades, objetos o servicios con amigos y vecinos. Tú les cortas el césped, ellos te enseñan francés. Tú les prestas tu taladro, ellos te prestan su batidora de smoothies que solo usaron una vez. Es como crear tu propia economía alternativa, solo que sin la necesidad de inventar una criptomoneda.

Cómo desarrollar nuevos hábitos y mantener la motivación

Adoptar un estilo de vida frugal es como empezar una dieta: los primeros días estás super motivado, pero luego ves un anuncio de pizza y todo se va al traste. Aquí tienes algunas estrategias para mantenerte en el camino frugal:

El poder de los pequeños cambios

No intentes cambiar todo de golpe. Empieza con pequeños cambios y ve construyendo a partir de ahí. Por ejemplo:

* Semana 1: Empieza a llevar el almuerzo al trabajo.

* Semana 2: Cancela una suscripción que apenas uses.

* Semana 3: Aprende a hacer tu propio café en casa.

Antes de que te des cuenta, estos pequeños cambios se convertirán en hábitos, y estarás ahorrando sin ni siquiera pensarlo.

Gamifica tu frugalidad

Convierte el ahorro en un juego. Algunas ideas:

* Desafío de no gastar: Ve cuántos días puedes pasar sin gastar dinero en cosas no esenciales.

* La carrera del ahorro: Compite con un amigo para ver quién puede ahorrar más en un mes.

- Bingo del frugalismo: Crea un cartón de bingo con diferentes acciones frugales y ve si puedes completarlo en un mes.

Visualiza tus metas

Tener una meta clara puede ser muy motivador. Algunas formas de visualizar tus metas:

- Crea un *vision board* con imágenes de lo que quieres lograr con tus ahorros.

- Usa una aplicación que te muestre gráficamente tu progreso hacia tus metas financieras.

- Pon una foto de tu objetivo (ya sea unas vacaciones, una casa, o simplemente un número en tu cuenta bancaria) en tu cartera. Cada vez que estés tentado a hacer una compra innecesaria, mira la foto.

Encuentra tu tribu frugal

Rodearte de personas con mentalidad similar puede ser muy motivador. Algunas ideas:

- Únete a grupos de Facebook o foros online sobre frugalidad y finanzas personales.

- Inicia un club de frugalidad con amigos. Pueden compartir consejos, celebrar victorias y apoyarse mutuamente.

- Convence a tu pareja o a tu familia para que se unan a tu viaje frugal. Es más fácil cuando todos están en el mismo barco (un barco barato, por supuesto).

Celebra tus victorias

No olvides celebrar tus logros, por pequeños que sean. Alcanzaste tu meta de ahorro del mes? ¡Celébralo! (de manera frugal, claro). Resististe la tentación de comprar ese gadget innecesario? ¡Mereces un premio! (algo barato o gratis, obviamente).

El arte del «treat yo self» frugal

Sí, incluso los frugalistas merecen darse un capricho de vez en cuando. La clave está en hacerlo de manera inteligente. Algunas ideas:

- En lugar de comprar algo, date un «día de lujo» en casa: un largo baño de burbujas, tu película favorita, tal vez incluso una mascarilla facial casera.

- Permítete un pequeño lujo de vez en cuando, pero asegúrate de que sea algo que realmente valores y disfrutes.

- Recompénsate con experiencias en lugar de cosas. Un picnic en el parque, una caminata en la naturaleza, o una noche de juegos con amigos pueden ser muy gratificantes y costar poco o nada.

Recuerda, el frugalismo no se trata de privarte de todo placer en la vida. Se trata de ser más consciente y estratégico con tus recursos. Con estas técnicas y estrategias, estarás en camino de adoptar un estilo de vida frugal sin sentir que estás sacrificando tu calidad de vida.

Así que adelante, valiente guerrero del ahorro. Sal al mundo y muestra tu nueva superpoder frugal. Y recuerda, cada vez que resistas la tentación de una compra innecesaria, un cerdito alcancía en algún lugar obtiene sus alas. O algo así.

5

Frugalismo en la vida cotidiana

Agárrate fuerte, frugalista en ciernes, porque has llegado al capítulo donde la teoría se convierte en práctica. Es hora de sumergirse en las aguas del frugalismo cotidiano, donde descubrirás que ser «financieramente responsable» (suena mejor que tacaño, ¿verdad?) puede ser sorprendentemente divertido y gratificante. Así que vamos a dar un paseo por el lado salvaje del ahorro: desentrañaremos los misterios de cómo vivir bien gastando menos en los aspectos más fundamentales de la vida diaria. Prepárate para convertir tu cocina en un laboratorio de alquimia culinaria, tu armario en una obra maestra de eficiencia, tu hogar en un oasis de ahorro energético, y tus desplazamientos en aventuras económicas.

ALIMENTACIÓN: COMER BIEN GASTANDO MENOS

La comida es ese placer culpable que puede hacer que tu cartera adelgace más rápido que tú en una dieta de moda. Pero no temas, querido aprendiz de frugalista, porque es posible comer como un rey (o al menos como un duque bastante bien alimentado) sin gastar una fortuna. Aquí tienes algunas estrategias para dominar el arte de la alimentación frugal:

El supermercado: tu nuevo campo de batalla

Entrar al supermercado sin un plan es como entrar a una guerra sin armas: estás destinado a perder (dinero, en este caso). Aquí tienes algunas tácticas para salir victorioso:

1. **La lista de la compra es tu mejor amiga**: No salgas de casa sin ella. Es tu escudo contra las compras impulsivas y las ofertas tentadoras pero innecesarias.

2. **Nunca vayas de compras con hambre**: Es como ir a un bar estando sediento. Todo te parecerá irresistible y acabarás con un carrito lleno de cosas que no necesitas (y probablemente con alto contenido calórico).

3. **Aprende el arte del «precio por unidad»**: Esa etiqueta pequeña debajo del precio es tu mejor aliada. Te ayudará a determinar si ese paquete «familiar» es realmente una ganga o solo una forma de hacerte comprar más.

4. **Las marcas blancas son tus nuevas BFF**: En muchos casos, son exactamente el mismo producto que las marcas famosas, solo que sin el coste añadido del marketing.

5. **La sección a granel es el paraíso del frugalista**: Compra solo la cantidad que necesitas y ahorra en envases. Además, te sentirás como un niño en una tienda de dulces, solo que con lentejas y arroz.

Cocinar en casa: de necesidad a hobby

Cocinar en casa no solo es más barato, sino que también puede ser divertido. Es como jugar a los químicos, solo que el resultado es comestible (la mayoría de las veces).

1. **Planifica tus comidas**: Dedica un tiempo cada semana a planificar tus comidas. Esto no solo te ahorrará dinero, sino también esa angustia existencial diaria de «¿qué vamos a cenar?».

2. **Abraza las sobras**: Las sobras no son el enemigo, son comida gratis para el día siguiente. Aprende a reinventarlas: ese pollo asado de ayer puede ser un delicioso wrap para el almuerzo de hoy.

3. **Congela como si no hubiera un mañana**: Cuando encuentres ofertas en alimentos que uses frecuentemente, cómpralos en cantidad y congélalos. Tu congelador es como una cápsula del tiempo llena de ahorros.

4. **Descubre el poder de las legumbres**: Baratas, nutritivas y versátiles. Son como el pequeño motor que podría de la cocina frugal.

5. **Cultiva tus propias hierbas**: Un pequeño jardín de hierbas en tu ventana no solo le dará un toque gourmet a tus platos, sino que tam-

bién te hará sentir como un agricultor urbano muy sofisticado.

Comer fuera sin arruinarte

A veces, quieres darte el gusto de comer fuera. No pasa nada, incluso los frugalistas más devotos necesitan un descanso de la cocina de vez en cuando. Aquí tienes algunas estrategias:

1. **Aprovecha las ofertas**: Suscríbete a las newsletters de tus restaurantes favoritos. Sí, tu bandeja de entrada se llenará de spam, pero también de cupones y ofertas.

2. **El poder del agua**: Pedir agua en lugar de refrescos o alcohol puede reducir significativamente tu cuenta. Además, es más saludable. ¡Win-win!

3. **Comparte platos**: Muchos restaurantes sirven porciones enormes. Compartir te permite probar más cosas y gastar menos.

4. **La hora feliz es tu hora**: Si vas a salir, hazlo durante la hora feliz. Es como conseguir un descuento solo por tener buen timing.

5. **Picnic power**: En lugar de ir a un restaurante, organiza un picnic en el parque. Es romántico, divertido y mucho más barato.

VESTIMENTA: CONSTRUYENDO UN ARMARIO MINIMALISTA Y FUNCIONAL

La ropa. Ese eterno dilema entre querer lucir como una estrella de cine y no gastar como una. Pero no te preocupes, es posible vestir bien sin tener que vender un riñón. Aquí tienes algunas estrategias para ser el rey o la reina de la moda frugal:

La regla del armario cápsula

El armario cápsula es como el Santo Grial de la moda frugal. La idea es tener menos ropa, pero que toda combine entre sí. Aquí tienes cómo lograrlo:

1. **Elige una paleta de colores**: Selecciona unos pocos colores que te favorezcan y que combinen bien entre sí. Esto hará que mezclar y combinar sea más fácil que preparar un sándwich.

2. **Calidad sobre cantidad**: Invierte en piezas básicas de buena calidad. Un buen par de jeans

puede durar años, mientras que diez pares baratos pueden desintegrarse en meses.

3. **Versatilidad es la clave**: Elige prendas que puedan usarse en múltiples ocasiones. Ese vestido negro no es solo para fiestas, con una chaqueta puede ser perfecto para la oficina.

4. **Accesoriza**: Los accesorios pueden transformar un outfit. Una bufanda, un cinturón o unos pendientes pueden hacer que el mismo conjunto parezca completamente diferente.

El arte del «thrifting»

Las tiendas de segunda mano son como cajas de sorpresas: nunca sabes qué tesoros puedes encontrar. Algunos consejos para dominar el arte del thrifting:

1. **Frecuencia es la clave**: Visita las tiendas de segunda mano con regularidad. El inventario cambia constantemente.

2. **Revisa cuidadosamente**: Busca manchas, roturas o botones faltantes. Pero recuerda, algunos defectos menores pueden ser fáciles de arreglar.

3. **Piensa en el potencial**: Ese vestido vintage puede ser perfecto con un poco de ajuste. Es como adoptar un cachorro: ves el potencial, no solo el estado actual.

4. **No te enamores de las etiquetas**: Una prenda de marca cara no significa necesariamente calidad. Juzga por la tela y la construcción, no por el nombre.

Cuidado de la ropa

Cuidar bien de tu ropa es como darle mantenimiento a un coche: con el cuidado adecuado, durará mucho más tiempo.

1. **Lee las etiquetas**: Sí, esas pequeñas etiquetas incómodas en el cuello de tu ropa. Seguir las instrucciones de lavado puede prolongar significativamente la vida de tus prendas.

2. **Invierte en un quitapelusas**: Es como una máquina del tiempo para tu ropa, haciéndola lucir como nueva otra vez.

3. **Aprende a hacer reparaciones básicas**: Coser un botón o arreglar un dobladillo no es *rocket science*. YouTube es tu amigo aquí.

4. **El poder del vinagre**: Un poco de vinagre en el ciclo de enjuague puede mantener los colores brillantes y eliminar olores. Es como un spa para tu ropa.

Vivienda: optimizando tu espacio y reduciendo gastos

Tu casa es tu castillo, pero no tiene por qué costar como uno. Aquí tienes algunas estrategias para hacer que tu hogar sea acogedor y eficiente sin arruinarte:

Energía: la guerra contra los vampiros eléctricos

Los «vampiros eléctricos» son esos aparatos que consumen energía incluso cuando están apagados. Son como esos invitados que se quedan después de la fiesta: consumen tus recursos sin aportar nada.

1. **Usa regletas con interruptor**: Conecta tus aparatos a una regleta y apágala cuando no los uses. Es como cortar la cabeza a todos los vampiros de un solo golpe.

2. **Cambia a bombillas LED**: Son como las bombillas normales, pero con superpoderes de

ahorro energético.

3. **Aprovecha la luz natural**: Las cortinas abiertas no solo alegran tu estado de ánimo, también tu factura de la luz.

4. **El poder del ventilador**: En verano, un ventilador puede ser tu mejor amigo. Es como tener tu propio asistente personal encargado de refrescarte.

Agua: cada gota cuenta

El agua es vida, pero no tiene por qué ser el asesino de tu presupuesto.

1. **Arregla las fugas**: Ese grifo que gotea no es una fuente zen, es dinero literalmente yéndose por el desagüe.

2. **Temporizadores en la ducha**: Es como un juego: ¿puedes terminar antes de que suene la alarma?

3. **Botellas en el tanque del inodoro**: Coloca una botella llena de agua en el tanque de tu inodoro. Ahorrarás agua en cada descarga sin ni siquiera notarlo.

Decoración: el arte del «menos es más»

Decorar tu casa no tiene por qué costar un ojo de la cara. Con un poco de creatividad, puedes tener un hogar digno de revista sin gastar como una celebridad.

1. **DIY es tu nuevo mantra**: Desde cuadros hasta muebles, muchas cosas pueden hacerse en casa. Pinterest es tu nuevo mejor amigo.

2. **Plantas**: Son baratas, mejoran el aire y hacen que cualquier espacio se vea mejor. Es como tener un diseñador de interiores que solo necesita agua y sol.

3. **Rotación de decoración**: Cambia la disposición de tus muebles y decoración regularmente. Es gratis y hace que tu espacio se sienta nuevo.

4. **El poder del color**: Un poco de pintura puede transformar completamente un espacio. Es como magia, pero más barata.

TRANSPORTE: ALTERNATIVAS ECONÓMICAS Y ECOLÓGICAS

Moverse de un lugar a otro no tiene por qué dejarte sin blanca. Aquí tienes algunas ideas para que tu transporte sea más amigable con tu bolsillo y con el planeta:

La bicicleta: tu nuevo mejor amigo

La bicicleta es como el cuchillo suizo del transporte frugal: versátil, eficiente y sorprendentemente útil.

1. **Inversión inicial**: Sí, una buena bicicleta puede parecer cara al principio, pero piensa en todo el dinero que ahorrarás en gasolina, estacionamiento y gimnasio.

2. **Mantenimiento**: Aprender a hacer el mantenimiento básico de tu bicicleta es como tener un superpoder secreto. YouTube será tu gurú aquí.

3. **Seguridad**: Invierte en un buen candado. Es más barato que comprar una nueva bicicleta cada mes.

Transporte público: no es solo para estudiantes

El transporte público puede ser tu billete (literalmente) hacia el ahorro.

1. **Pases mensuales**: Son como un buffet libre de transporte. Úsalo tanto como puedas para maximizar tu inversión.

2. **Tiempo productivo**: Usar el transporte público te da tiempo para leer, escuchar podcasts o simplemente planificar tu día. Es como tener una oficina móvil.

3. **Aplicaciones de transporte**: Usa aplicaciones para planificar tus rutas y horarios. Es como tener un asistente personal de transporte en tu bolsillo.

Caminar: el transporte definitivo de coste cero

Caminar no es solo bueno para tu bolsillo, también lo es para tu salud.

1. **Planifica tus rutas**: Usar Google Maps

para peatones puede ayudarte a encontrar los caminos más cortos y seguros.

2. **Combina con otras opciones**: Caminar parte del trayecto y luego tomar el transporte público puede ser una gran opción.

3. **Equípate adecuadamente**: Unas buenas zapatillas y una mochila cómoda pueden hacer que tus caminatas sean mucho más agradables.

Coche compartido: divide el coste, multiplica la diversión

Si necesitas usar un coche, compartirlo puede ser una gran opción.

1. **Carpooling**: Comparte el coche con compañeros de trabajo o estudios. Es como un mini partido de carpool karaoke cada día.

2. **Car sharing**: Servicios de coches compartidos pueden ser una gran alternativa a tener tu propio coche, especialmente si no lo necesitas a diario.

3. **Alquiler entre particulares**: Plataformas que permiten alquilar coches de otras per-

sonas pueden ser más baratas que las compañías tradicionales de alquiler.

Recuerda, el frugalismo en la vida cotidiana no se trata de privarte de todo, sino de encontrar formas creativas y eficientes de vivir bien gastando menos. Con estas estrategias, estarás en camino de convertirte en un maestro del arte de vivir frugalmente sin sacrificar tu calidad de vida. ¡Ahora sal ahí y muestra al mundo que ser frugal puede ser divertido y gratificante!

6

Ahorro e inversión para un futuro frugal

Intrépido ahorrador, a continuación convertiremos tus céntimos en un tesoro digno de un dragón. Prepárate para zambullirte en el fascinante mundo del ahorro y la inversión, donde aprenderás a hacer que tu dinero trabaje más duro que tú en horas extra. Descubrirás el poder mágico del interés compuesto, dominarás la mítica regla del 72 y aprenderás por qué no debes poner todos tus huevos financieros en la misma cesta (especialmente si esa cesta es una fábrica de sombreros para gatos). También crearás tu propio fondo de emergencia, ese superhéroe financiero que te salvará de bolas curvas inesperadas. ¿Listo para convertirte en el mago de las finanzas?

Principios básicos de ahorro e inversión

Antes de que empieces a imaginarte nadando en una piscina llena de monedas como el Tío Gilito, necesitamos sentar las bases. El ahorro y la inversión son como la dieta y el ejercicio de tus finanzas: no son glamurosos, pero son esenciales para tu salud financiera a largo plazo.

El poder del interés compuesto

El interés compuesto es como la magia de las finanzas. Einstein supuestamente lo llamó «la octava maravilla del mundo», y no porque fuera fan de las matemáticas aburridas.

Imagina que plantas una semilla de dinero. Con el interés simple, esa semilla crece en una línea recta. Pero con el interés compuesto, crece exponencialmente, como si cada rama del árbol del dinero produjera más ramas. Es como tener un ejército de mini-tús trabajando 24/7 para hacer crecer tu dinero.

Por ejemplo, si inviertes 1000 euros con un rendimiento anual del 7% (¡ojo, esto es un ejemplo, no una promesa!):

- Después de 10 años, tendrías unos 1967 euros

- Después de 20 años, serían 3870 euros

- Y después de 30 años, ¡tendrías 7612 euros!

Y todo esto sin mover un dedo. Es como si tu dinero fuera al gimnasio por ti.

La regla del 72

La regla del 72 es como un truco de magia financiera. Te permite calcular rápidamente cuánto tiempo tardará tu dinero en duplicarse. Solo tienes que dividir 72 por tu tasa de rendimiento anual.

Por ejemplo:

- Con un rendimiento del 6% anual, tu dinero se duplicará en 12 años (72 ÷ 6 = 12)

- Con un 9%, se duplicará en 8 años (72 ÷ 9 = 8)

Es como tener una bola de cristal financiera, pero basada en matemáticas en lugar de en predicciones dudosas de una gitana en una feria.

Diversificación: no pongas todos tus huevos en la misma cesta

La diversificación es el equivalente financiero de no apostar todo tu dinero al mismo número en la ruleta. La idea es repartir tus inversiones en diferentes tipos de activos para reducir el riesgo.

Imagina que inviertes todo tu dinero en una empresa que fabrica sombreros para gatos. Suena genial, ¿verdad? Pero ¿qué pasa si de repente los gatos deciden que ya no está de moda llevar sombrero? Ahí va tu dinero, junto con los sombreros, directos a la caja de arena.

En cambio, si inviertes en una mezcla de acciones de diferentes empresas, bonos, y quizás algo de bienes raíces, estarás mejor preparado para los altibajos del mercado. Es como tener un menú variado en lugar de comer pizza todos los días (aunque, seamos honestos, ¿quién no querría comer pizza todos los días?).

Cómo crear un fondo de emergencia

Ah, el fondo de emergencia. Es como un superhéroe financiero, siempre listo para salvarte cuando las cosas se ponen feas. Pero en lugar de una capa, lleva el práctico traje de una cuenta de ahorros de alto rendimiento.

¿Por qué necesitas un fondo de emergencia?

La vida tiene una forma divertida (léase: no divertida en absoluto) de lanzarnos bolas curvas cuando menos lo esperamos. Tu coche podría decidir que ya no quiere funcionar, tu techo podría desarrollar una fuga, o podrías perder tu trabajo porque tu jefe descubrió que eras tú quien se comía su almuerzo de la nevera de la oficina.

Un fondo de emergencia es tu red de seguridad financiera. Te permite hacer frente a estos gastos inesperados sin tener que recurrir a las tarjetas de crédito o, peor aún, a ese tío que ofrece préstamos con intereses tan altos que hacen que los tiburones prestamistas parezcan pececillos inofensivos.

¿Cuánto deberías tener en tu fondo de emergencia?

La sabiduría convencional dice que deberías tener suficiente para cubrir de 3 a 6 meses de gastos. Pero como buen frugalista, sabes que tus gastos son más bajos que los de la persona promedio, ¿verdad? (Si no es así, vuelve a leer los capítulos anteriores. Te estaré esperando aquí).

Para calcular cuánto necesitas:

1. Suma todos tus gastos mensuales esenciales (alquiler/hipoteca, comida, servicios, transporte, etc.)

2. Multiplica esa cantidad por el número de meses que quieres cubrir

Por ejemplo, si tus gastos mensuales son de 1000 euros y quieres un colchón de 4 meses, tu objetivo sería de 4000 euros.

¿Dónde guardar tu fondo de emergencia?

Tu fondo de emergencia debe ser fácilmente accesible, pero no tanto que te tientes a usarlo para comprar esa freidora de aire que está en oferta.

Una cuenta de ahorros de alto rendimiento es una buena opción. Es como un hotel de cinco estrellas para tu dinero: seguro, cómodo, y te da un pequeño extra en forma de intereses.

Evita invertir tu fondo de emergencia en acciones o en criptomonedas. Recuerda, este dinero es para emergencias, no para jugar a ser el Lobo de Wall Street.

Cómo construir tu fondo de emergencia

Roma no se construyó en un día, y tu fondo de emergencia tampoco. Aquí tienes algunas estrategias para empezar:

1. **Empieza pequeño**: Incluso 20 euros al mes son mejor que nada. Es como construir un castillo de arena: grano a grano.

2. **Automatiza tus ahorros**: Configura una transferencia automática a tu cuenta de ahorros cada mes. Es como ponerte en piloto automático hacia la seguridad financiera.

3. **Usa dinero inesperado**: ¿Devolución de impuestos? ¿Regalo de cumpleaños de la abuela? Directo al fondo de emergencia. Es como encontrar dinero en los bolsillos de un abrigo

viejo, pero a lo grande.

4. **Vende cosas que no uses**: Ese ukelele que compraste en un arranque de optimismo musical puede financiar una buena parte de tu fondo. Una persona frugal es otra persona ganga.

5. **Reto de no gastar**: Intenta pasar un mes sin gastos no esenciales. Es como un ayuno financiero, pero al final tendrás más dinero en lugar de menos peso.

Recuerda, construir un fondo de emergencia es como aprender a andar en bicicleta. Al principio puede parecer difícil y puede que te caigas un par de veces, pero una vez que lo dominas, te preguntarás cómo viviste sin él.

Estrategias de inversión a largo plazo

Muy bien, ahorrador estrella, has dominado los principios básicos y has construido tu fondo de emergencia. Ahora es el momento de pasar al siguiente nivel: la inversión a largo plazo. Es como pasar de las ligas menores a las grandes ligas, solo que en lugar de bates y pelotas, jugaremos con acciones y bonos.

Inversión en índices: la estrategia del piloto automático

La inversión en índices es como el buffet libre de las inversiones. En lugar de tratar de elegir acciones individuales (que es tan arriesgado como intentar adivinar el sabor de una gominola de Harry Potter), inviertes en un fondo que sigue un índice de mercado completo.

Los fondos indexados tienen varias ventajas:

1. **Bajas comisiones**: Son como la versión outlet de las inversiones. Misma calidad, precio más bajo.

2. **Diversificación automática**: Es como comprar un poco de todo el mercado. Si una empresa falla, no es el fin del mundo.

3. **Rendimientos consistentes a largo plazo**: Históricamente, han superado a la mayoría de los fondos gestionados activamente. Es como la tortuga que gana a la liebre en la carrera de las inversiones.

La estrategia del coste promedio en dólares

Esta estrategia implica invertir una cantidad fija de dinero regularmente, independientemente de cómo se comporte el mercado. Es como ir de compras al supermercado cada semana, comprando más cuando los precios están bajos y menos cuando están altos.

Ventajas:

1. **Reduce el riesgo de timing del mercado**: No tienes que preocuparte por comprar en el «momento adecuado». Es como quitarle el estrés a las inversiones.

2. **Aprovecha las caídas del mercado**: Cuando los precios bajan, compras más acciones. Es como encontrar tu marca favorita en oferta.

3. **Fomenta la disciplina**: Te obliga a invertir regularmente. Es como tener un entrenador personal para tus finanzas.

La magia de la reinversión de dividendos

Reinvertir los dividendos es como plantar las semillas de las manzanas que te comes. En lugar de gastar los dividendos que generan tus inversiones, los reinviertes para comprar más acciones.

Con el tiempo, esto puede tener un impacto significativo en tus rendimientos. Es como tener un pequeño ejército de trabajadores (tus dividendos) que constantemente están trabajando para hacer crecer tu riqueza.

La importancia de la paciencia

La inversión a largo plazo es como hacer una buena barbacoa: necesita tiempo y paciencia. No te obsesiones con las fluctuaciones diarias del mercado. Es como pesarse cada día cuando estás a dieta: te volverás loco y no verás el progreso real.

Recuerda, estamos jugando al juego largo aquí. Las inversiones son como el vino y el queso: mejoran con el tiempo (a diferencia de esa leche en tu refrigerador que lleva ahí desde quién sabe cuándo).

Ajusta tu estrategia con el tiempo

A medida que te acercas a tus objetivos financieros (ya sea la jubilación, comprar una casa, o financiar tu plan secreto para dominar el mundo), deberías considerar ajustar tu estrategia de inversión para ser más conservador.

Es como conducir un coche: vas más rápido en la autopista, pero reduces la velocidad cuando te acercas a tu destino. No quieres estrellarte justo antes de llegar.

CONCLUSIÓN: EL CAMINO HACIA LA LIBERTAD FINANCIERA

Y ahí lo tienes, valiente guerrero del frugalismo. Has aprendido los principios básicos del ahorro y la inversión, has construido tu fondo de emergencia y has iniciado tu viaje en el mundo de las inversiones a largo plazo.

Recuerda, el camino hacia la libertad financiera es un maratón, no un sprint. Habrá altibajos, momentos de duda y tal vez algún que otro atracón de compras impulsivas (hey, nadie es perfecto). Pero con paciencia, disciplina y una buena dosis de humor, estarás en el camino correcto.

Así que sal ahí y haz que tu dinero trabaje tan duro como tú. Quién sabe, tal vez algún día podrás retirarte temprano y dedicarte a tu verdadera pasión: coleccionar sellos o enseñar yoga a gatos. El mundo es tuyo, frugalista. ¡Ve a por él!

7

El frugalismo y las relaciones personales

Bien, veo que sigues por aquí, ¡y eso fantástico! Has llegado al capítulo donde aprenderemos a navegar el delicado arte de ser frugal sin convertirte en el aguafiestas oficial de tu círculo social. Prepárate para descubrir cómo mantener tus relaciones tan saludables como tu cuenta bancaria. Desde cómo explicar a tus más allegados tu nuevo estilo de vida, pasando a cómo implantar un presupuesto familiar, cómo transmitir el enfoque frugal a los niños o cómo ahorrar sin necesidad de dejarte un riñón (y parte del otro) por el camino. ¡Allá vamos!

Cómo hablar sobre frugalismo con tu pareja y familia

El amor es esa maravillosa emoción que te hace ver mariposas y corazones por todas partes... hasta que tienes que hablar de dinero. Pero no temas, valiente frugalista, aquí tienes algunas estrategias para abordar el tema sin que tu relación termine como el Titanic.

La charla financiera: más importante que «la charla»

Hablar de dinero con tu pareja puede ser más incómodo que aquella vez que tus padres intentaron tener «la charla» contigo. Pero es crucial. Aquí tienes algunos consejos:

1. **Elige el momento adecuado**: No inicies la conversación justo después de que tu pareja haya comprado el último iPhone. Es como hablar de dietas mientras comes un helado: nadie gana.

2. **Usa el «nosotros» en lugar del «tú»**: «¿Cómo podemos mejorar nuestras finanzas?» suena mucho mejor que «Necesitas dejar de gastar como si el dinero creciera en los

árboles».

3. **Comparte tus metas**: Habla sobre lo que quieres lograr con el frugalismo. «Quiero que ahorremos para poder viajar juntos» suena más atractivo que «Quiero que dejes de comprar zapatos».

4. **Sé honesto sobre tus miedos**: Si te preocupa el futuro financiero, dilo. Es mejor compartir tus preocupaciones que dejar que se conviertan en resentimiento. El resentimiento es como el moho financiero: crece en la oscuridad y apesta.

5. **Escucha**: Recuerda, es una conversación, no un monólogo. Tu pareja puede tener ideas brillantes sobre cómo ahorrar. O puede que tenga miedos válidos sobre vivir como un monje. Escucha con empatía.

Negociando el presupuesto familiar: o cómo evitar la Guerra de los Rose

Crear un presupuesto familiar es como negociar un tratado de paz. Requiere diplomacia, compromiso y tal vez algunos sobornos (con amor, por supuesto). Algunas estrategias:

1. **Crea un fondo para «gastos tontos»**: Cada uno tiene derecho a un poco de dinero para gastar en lo que quiera, sin juicios. Si tu pareja quiere gastarlo todo en peluches de Hello Kitty, que así sea.

2. **Establece metas comunes**: Es más fácil ser frugal cuando ambos están trabajando hacia algo que les emociona. Ya sea una casa, un viaje, o un futuro sin deudas.

3. **Haz que sea divertido**: Conviértelo en un juego. ¿Quién puede encontrar la mejor oferta? ¿Quién puede ahorrar más en un mes? El ganador elige la próxima película para la noche de cine en casa.

4. **Revisa regularmente**: Las finanzas son como las plantas: necesitan atención regular. Programa «citas financieras» mensuales. Suena sexy, ¿verdad?

Educando a los niños en el frugalismo: o cómo criar mini Warren Buffetts

Enseñar frugalismo a los niños es como plantar un árbol: no verás los resultados de inmediato, pero con el tiempo, dará frutos (con suerte, billetes). Algunas ideas:

1. **Usa jarras de ahorro**: Tres jarras: una para gastar, una para ahorrar y una para donar. Es como un curso de gestión financiera, pero con menos PowerPoints y más monedas tintineantes.

2. **Juega a «El Precio Justo» en el supermercado**: Haz que adivinen el precio de los artículos. El ganador puede elegir un postre (frugal, por supuesto).

3. **Dales una paga, pero con condiciones**: Parte es suya para gastar, parte debe ahorrarse. Es como un mini salario, pero sin los impuestos (todavía).

4. **Enséñales sobre las necesidades vs. los deseos**: «Necesitamos comida. Queremos un pony». A menos que vivan en una granja, en

cuyo caso el pony podría ser una inversión.

5. **Lidera con el ejemplo**: Si predicas frugalidad pero gastas como un marinero en tierra, tus hijos lo notarán. Y probablemente lo mencionarán en el momento más inoportuno, como cuando la abuela está de visita.

ACTIVIDADES SOCIALES Y OCIO FRUGAL

¿Quién dice que necesitas un yate y caviar para divertirte? El ocio frugal es como el karaoke: al principio puede parecer un poco vergonzoso, pero una vez que te metes en ello, ¡es sorprendentemente divertido!

Cómo ser social sin arruinarte: el arte del «salir sin gastar»

1. **Organiza noches de juegos**: Monopoly, pero con dinero real, está estrictamente prohibido.

2. **Picnics en el parque**: Es como comer en un restaurante, pero con más hormigas y menos camareros malhumorados.

3. **Clubes de lectura**: Porque discutir sobre libros es más barato que la terapia.

4. **Intercambio de habilidades**: Tú enseñas yoga, tu amigo enseña cocina. Es como una universidad, pero sin la deuda estudiantil.

5. **Maratones de películas en casa**: Con palomitas caseras, por supuesto. Es como ir al cine, pero sin tener que hipotecar tu casa para comprar los snacks.

Cómo manejar amigos no frugales: o cómo decir «no» sin perder amigos

1. **Sé honesto**: «Me encantaría ir, pero estoy ahorrando para [inserta meta impresionante aquí]». Suena mejor que «Soy demasiado tacaño para eso».

2. **Sugiere alternativas**: «En lugar de ese restaurante caro, ¿qué tal si pruebo mi nueva receta de pasta?». Bonus: si cocinas mal, nunca volverán a pedirte que seas el anfitrión.

3. **Establece un presupuesto para socializar**: Así puedes decir sí a algunas cosas sin sentirte culpable.

4. **Sé el planificador**: Sugiere actividades fru-

gales antes de que alguien proponga algo caro. Es como ser un ninja del ahorro, pero en lugar de shurikens, lanzas ideas de picnics.

Vacaciones frugales: cómo viajar sin vender un riñón

1. **Intercambio de casas**: Es como jugar a las casitas, pero a escala global.

2. **Camping**: Comunión con la naturaleza y ahorro de dinero. Solo recuerda: los osos no aceptan cupones de descuento.

3. **Viaja fuera de temporada**: Es como tener el parque de atracciones para ti solo, pero con clima impredecible.

4. **Voluntariado en el extranjero**: Salva el mundo y ahorra dinero. Es como ser un superhéroe, pero con menos capa y más protector solar.

CRIANZA DE HIJOS CON VALORES FRUGALES

Criar hijos frugales es como entrenar dragones: desafiante, a veces peligroso, pero increíblemente gratificante cuando lo logras.

Enseñando el valor del dinero: más allá de la hucha del cerdito

1. **Juegos de rol de compras**: Es como jugar a las casitas, pero con más matemáticas.

2. **Huerto familiar**: Enseña paciencia, trabajo duro y el valor de la comida. Plus: zanahorias gratis.

3. **Proyectos de «gana dinero»**: Venta de limonada, lavado de coches, paseo de perros. Es como un MBA, pero sin la deuda estudiantil.

4. **Reto de «no comprar»**: Ve cuánto tiempo puede pasar la familia sin comprar cosas no esenciales. Es como un ayuno, pero para tu cartera.

Cómo manejar las demandas de los niños: o cómo no ceder ante el poder del «pero todos lo tienen»

1. **La regla del «querer vs. necesitar»**: «Quieres un iPhone. Necesitas comunicación. Aquí tienes un teléfono con botones y Snake».

2. **Enséñales a ahorrar para lo que quieren**: Es como enseñarles a pescar, pero con dinero en lugar de peces.

3. **Ofrece alternativas**: «En lugar de comprar ese juguete, ¿qué tal si lo hacemos juntos?». Advertencia: puede resultar en proyectos de manualidades que solo una madre podría amar.

4. **Usa el poder del «tal vez más adelante»**: No es un no, pero tampoco es un sí. Es el limbo de las respuestas parentales.

Celebraciones frugales: cómo hacer que los cumpleaños y las navidades no arruinen tu presupuesto

1. **Regalos hechos a mano**: Nada dice «te quiero» como un suéter tejido a mano que parece más un saco de patatas.

2. **Experiencias en lugar de cosas**: Un día en el parque puede ser más memorable que otro juguete de plástico.

3. **La regla de los cuatro regalos**: Algo que quieran, algo que necesiten, algo para vestir y algo para leer. Es como un haiku, pero para regalos.

4. **Intercambio de regalos**: Es como el amigo invisible, pero sin el estrés de tener que comprar para el compañero de trabajo que apenas conoces.

Recuerda, criar hijos con valores frugales no se trata de privarlos, sino de enseñarles a valorar lo que tienen y a tomar decisiones financieras inteligentes. Es como darles superpoderes financieros, pero sin la necesidad de ser mordidos por una araña radiactiva.

En conclusión, el frugalismo no tiene por qué ser una sentencia de aislamiento social o una fuente de conflictos familiares. Con un poco de creatividad, honestidad y sentido del humor, puedes mantener tus relaciones tan saludables como tu cuenta bancaria. Recuerda, las mejores cosas de la vida son gratis, o al menos, bastante baratas si sabes dónde buscar. ¡Ahora sal ahí y muestra al mundo que los frugalistas saben cómo divertirse!

8

Frugalismo y desarrollo personal

....

Bienvenido, aspirante a sabio del ahorro! Has llegado al capítulo donde descubrirás que el frugalismo no solo es bueno para tu billetera, sino también para tu cerebro, tu alma y posiblemente tu físico (si decides que correr es más barato que el gimnasio). Prepárate para un viaje de autodescubrimiento que haría que Buda dijera: «Oye, ¿por qué no pensé en esto?». En las siguientes páginas, exploraremos cómo el frugalismo puede ser un catalizador para tu desarrollo personal. Descubrirás que al reducir tus gastos, no solo aumentas tus ahorros, sino que también desbloqueas un potencial creativo que quizás no sabías que tenías.

CÓMO EL FRUGALISMO FOMENTA LA CREATIVIDAD Y EL APRENDIZAJE

Contrario a la creencia popular, el frugalismo no se trata de vivir una vida gris y aburrida. De hecho, es como un entrenamiento intensivo para tu creatividad. Es el CrossFit de las habilidades para la vida, solo que en lugar de levantar neumáticos, estás levantando tu ingenio.

El arte de hacer más con menos

1. **Upcycling**: Convertir basura en tesoros es como tener superpoderes de transformación. Esa vieja camiseta puede convertirse en una bolsa de compras, un cojín o, si eres realmente creativo, en un disfraz de superhéroe frugal.

2. **Cocina creativa**: Cuando tienes un presupuesto limitado para comida, te vuelves el MacGyver de la cocina. ¿Quién sabía que se podía hacer una cena gourmet con lentejas, una lata de atún y esa especia rara que has tenido en el armario durante años?

3. **DIY como forma de vida**: ¿Por qué comprar cuando puedes hacer? Desde muebles hasta

productos de limpieza, el mundo es tu ostra DIY. Solo recuerda: si tu proyecto de bricolaje termina pareciendo más a un accidente que a un mueble de Ikea, siempre puedes llamarlo «arte abstracto».

Aprendizaje continuo: el gimnasio mental del frugalista

1. **Biblioteca: tu nueva segunda casa**: Descubre que la biblioteca es más que un lugar para esconderse de la lluvia. Es como Netflix, pero para libros, y gratis.

2. **Cursos online gratuitos**: La educación ya no está limitada a las aulas. Puedes aprender desde programación hasta el arte de hacer origami con billetes de un dólar (una habilidad esencial para todo frugalista).

3. **YouTube University**: Desde reparar electrodomésticos hasta aprender un nuevo idioma, YouTube es como tener un ejército de profesores particulares, solo que puedes verlos en pijama sin que te juzguen.

4. **Intercambio de habilidades**: Aprende gui-

tarra a cambio de enseñar matemáticas. Es como el trueque, pero para conocimientos. Y mucho más legal que intercambiar bienes robados.

La mentalidad de solución de problemas

El frugalismo te obliga a pensar fuera de la caja, o más bien, dentro de la caja que ya tienes porque comprar una nueva sería un gasto innecesario.

1. **Reparar en lugar de reemplazar**: Cuando algo se rompe, tu primer instinto ya no es correr a la tienda. Es como ser un médico, pero para objetos inanimados.

2. **Encontrar múltiples usos para las cosas**: Ese colador viejo puede ser una lámpara, un casco para tu gato o un sombrero de moda avant-garde. Las posibilidades son infinitas.

3. **Optimización constante**: Siempre estás buscando formas de hacer las cosas de manera más eficiente. Es como ser un ingeniero de procesos, pero para tu vida diaria.

Redescubriendo pasiones y talentos olvidados

El frugalismo tiene una forma mágica de hacerte redescubrir partes de ti mismo que habías olvidado. Es como encontrar un billete de 20 en un abrigo viejo, pero en lugar de dinero, encuentras talentos.

El renacimiento del hobby

1. **Desempolva ese instrumento musical**: Esa guitarra que has estado usando como perchero finalmente verá la luz del día. Tus vecinos puede que no lo aprecien, pero tu billetera sí.

2. **Artista renacido**: Pintar, dibujar, esculpir. .. el arte no tiene que ser caro. Picasso empezó con un lápiz y papel, y mira dónde llegó. Aunque si empiezas a querer cortar tu oreja, tal vez sea momento de buscar un hobby diferente.

3. **Jardinería urbana**: Descubre tu pulgar verde. Es relajante, te da tomates gratis y te hace sentir como un dios menor cuando las plantas finalmente crecen.

Voluntariado: enriquecimiento personal gratis

1. **Ayuda a otros y ayúdate a ti mismo**: El voluntariado no solo es bueno para el alma, también puede enseñarte nuevas habilidades. Además, te da algo que presumir en las reuniones familiares que no sea cuánto has ahorrado este mes.

2. **Networking sin costo**: Conoce gente nueva sin tener que pagar por bebidas caras en un bar. Es como LinkedIn, pero con más acción y menos fotos de perfil incómodas.

3. **Prueba nuevas carreras**: Siempre quisiste saber cómo sería ser veterinario? Voluntariado en un refugio de animales. Solo ten cuidado de no terminar adoptando a todos los animales; eso no sería muy frugal.

La alegría de compartir conocimientos

1. **Conviértete en mentor**: Comparte tus habilidades frugales con otros. Es como ser un superhéroe, pero en lugar de salvar el mundo, estás salvando cuentas bancarias.

2. **Inicia un blog o un canal de YouTube**: Comparte tus aventuras frugales con el mundo. Quién sabe, podrías convertirte en el próximo gurú financiero de internet. Solo recuerda, si te haces famoso, mantén ese estilo de vida frugal.

3. **Organiza talleres en tu comunidad**: Enseña a otros cómo ser frugales. Es como formar tu propio ejército de ahorradores. Dominaremos el mundo, un cupón a la vez.

La conexión entre frugalidad y mindfulness

Sorprendentemente, el frugalismo y el mindfulness tienen mucho en común. Ambos te hacen más consciente de tus acciones y decisiones. Es como el zen, pero en lugar de meditar sobre el sonido de una mano aplaudiendo, meditas sobre el sonido de las monedas tintineando en tu hucha.

Consumo consciente

1. **Cada compra es una decisión**: El frugalismo te hace cuestionar cada gasto. «¿Realmente necesito esto?» se convierte en tu mantra. Es

como ser un detective, pero el crimen que estás resolviendo es el desperdicio de dinero.

2. **Apreciación por lo que tienes**: Empiezas a valorar más lo que ya posees. Ese sofá viejo ya no es solo un mueble, es un compañero de vida que ha soportado tus maratones de Netflix y tus siestas de domingo.

3. **Menos es más**: Descubres que no necesitas tanto como pensabas. Es liberador, como hacer una limpieza de primavera para tu vida.

Vivir en el presente

1. **Disfrutar de los pequeños placeres**: Un paseo en el parque, un café hecho en casa, una conversación con un amigo. El frugalismo te enseña a encontrar alegría en las cosas simples. Es como ser un monje budista, pero con mejor sentido del humor.

2. **Foco en experiencias, no en posesiones**: Descubres que los recuerdos duran más que las cosas. Además, los recuerdos no necesitan ser desempolvados ni ocupan espacio en tu armario.

3. **Gratitud diaria**: Empiezas a apreciar lo que tienes en lugar de anhelar lo que no tienes. Es como tener tu propio entrenador personal de positividad, pero gratis.

Reducción del estrés financiero

1. **Paz mental**: Saber que tienes tus finanzas bajo control es como un spa para tu mente. Es relajante, rejuvenecedor y mucho más barato que un masaje.

2. **Libertad de la comparación social**: Dejas de preocuparte por seguir el ritmo de los Joneses. Los Joneses probablemente están hasta el cuello en deudas de todos modos.

3. **Enfoque en lo que realmente importa**: El dinero deja de ser el centro de tu universo. Es liberador, como quitarte unos zapatos muy apretados después de un largo día.

Meditación frugal: om-ney, om-ney

1. **Visualización de metas financieras**: Medita sobre tus objetivos de ahorro. Es como la visualización de los atletas olímpicos, pero en lugar

de una medalla de oro, visualizas una cuenta de ahorros saludable.

2. **Respiración de gratitud financiera**: Inhala apreciación, exhala gastos innecesarios. Es yoga para tu billetera.

3. **Mantras de ahorro**: «Soy más rico de lo que gasto» o «Mi valor no se mide por mis posesiones». Repite según sea necesario, especialmente frente a tiendas con grandes carteles de «REBAJAS».

En conclusión, el frugalismo no es solo una forma de ahorrar dinero, es un camino hacia el crecimiento personal y la iluminación financiera. Te hace más creativo, más consciente y posiblemente más zen que un monje en una montaña (aunque probablemente con mejor conexión a internet, porque, vamos, esas ofertas online no se van a encontrar solas).

Así que ahí lo tienes, valiente frugalista. Has descubierto que el verdadero tesoro no está en tu cuenta bancaria (aunque eso ayuda), sino en el crecimiento personal que experimentas en tu viaje frugal. Ahora sal ahí y deslumbra al mundo con tu creatividad recién descubierta, tus pasiones reavivadas y tu nueva perspectiva mindful. Y recuerda, cada vez que resistas una compra

impulsiva, un pequeño Buda sonríe en alguna parte...
probablemente mientras cuenta sus ahorros.

9

Superando los desafíos del estilo de vida frugal

Alguna vez has sentido que tu determinación frugal flaquea ante la presión social o las tentaciones del mercado? No estás solo. En este capítulo desentrañaremos las estrategias para resistir el bombardeo publicitario y manejar las relaciones sociales que podrían no entender tu nuevo estilo de vida. Descubrirás cómo decir «no» diplomáticamente, cómo encontrar tu tribu de ahorradores y aprenderemos el arte del equilibrio, ese dulce punto medio entre el ahorro obsesivo y el gasto despreocupado. ¡Allá vamos!

Lidiando con la presión social y el consumismo

La presión social. Ese viejo enemigo que te susurra al oído «Vamos, cómprate ese gadget de última generación. Todo el mundo lo tiene». Es como tener un diablillo consumista sentado en tu hombro, solo que en lugar de un tridente, lleva una tarjeta de crédito.

Técnicas para resistir el bombardeo publicitario

1. **Ad-block mental**: Desarrolla un filtro mental para la publicidad. Es como tener un superpower, pero en lugar de volar, puedes ver a través de las tácticas de marketing.

2. **El juego del «spot the manipulation»**: Convierte ver anuncios en un juego. ¿Cuántas técnicas de manipulación puedes identificar? Es como el bingo, pero en lugar de números, buscas apelaciones emocionales y falsas urgencias.

3. **La regla de espera de 24 horas**: Antes de comprar algo, espera 24 horas. Es como poner tus deseos de compra en la nevera: la mayoría

de las veces, cuando vuelves a mirar, ya no te apetecen.

Cómo manejar amigos y familiares no frugales

1. **El arte del «no» diplomático**: Aprende a decir no sin ofender. «Me encantaría, pero mi cuenta bancaria tiene alergia a los gastos innecesarios» suena mejor que «No, soy demasiado tacaño».

2. **Sé el planificador de actividades**: Sugiere planes frugales antes de que alguien proponga algo caro. Es como ser un ninja del ahorro, pero en lugar de shurikens, lanzas ideas de picnics y noches de juegos.

3. **Educación frugal stealth**: Comparte sutilmente tus éxitos frugales. «¿Este outfit? Lo conseguí por una ganga. Te puedo enseñar mis trucos si quieres». Es como ser un misionero del ahorro, pero sin la necesidad de ir de puerta en puerta.

Encontrando tu tribu frugal

1. **Grupos de ahorro online**: Únete a comunidades de ahorradores en línea. Es como encontrar tu Hogwarts financiero, solo que en lugar de magia, practicas el arte del ahorro.

2. **Organiza intercambios y trueques**: Crea un grupo de amigos para intercambiar bienes y servicios. Es como tener tu propio mercado negro, pero completamente legal y sin necesidad de un alias sospechoso.

3. **Club de lectura financiera**: Inicia un club de lectura centrado en finanzas personales y frugalidad. Es como un club de libro normal, pero con menos drama romántico y más gráficos de inversión.

CÓMO MANTENER EL EQUILIBRIO Y EVITAR EXTREMOS

El frugalismo es como una dieta: si te vuelves demasiado extremo, terminarás atracándote de compras compulsivas en un momento de debilidad. La clave está en encontrar el equilibrio.

Identificando el ahorro excesivo

1. **La prueba del disfrute**: Si ya no disfrutas nada porque todo te parece un gasto, es hora de reevaluar. La vida es demasiado corta para no disfrutar de un helado de vez en cuando.

2. **El test de las relaciones**: Si tus amigos empiezan a llamarte Ebenezer Scrooge, quizás te hayas pasado de la raya. A menos que realmente te llames Ebenezer, en cuyo caso, lo siento mucho.

3. **La evaluación de la salud**: Si estás poniendo en riesgo tu salud para ahorrar (como comer solo arroz y frijoles), es hora de aflojar un poco. Tu cuerpo te lo agradecerá, y probablemente también las personas que tienen que estar cerca de ti.

Estableciendo un presupuesto para «gastos de disfrute»

1. **La regla del 50/30/20**: 50% para necesidades, 30% para deseos, 20% para ahorro. Es como una dieta balanceada, pero para tu dinero.

2. **Fondo de «locuras ocasionales»**: Establece un pequeño fondo para gastos impulsivos. Es como tener una válvula de escape financiera.

3. **Recompensas por metas de ahorro**: Cada vez que alcances una meta de ahorro, date un pequeño lujo. Es como darte una galleta por ser un buen ahorrador, solo que la galleta puede ser una cena en un restaurante o un pequeño viaje.

La importancia del autocuidado en el frugalismo

1. **Inversión en salud**: No escatimes en cuidado médico y alimentación saludable. Es una inversión en tu futuro yo, que te agradecerá no haber vivido a base de ramen instantáneo.

2. **Tiempo de calidad vs. Gasto de dinero**: Aprende a disfrutar de momentos de calidad que no cuestan mucho. Un paseo en el parque puede ser más rejuvenecedor que una tarde en el centro comercial.

3. **Mindfulness financiero**: Practica la gratitud por lo que tienes. Es como un spa para tu

mente, pero mucho más barato.

Adaptando el frugalismo a diferentes etapas de la vida

El frugalismo no es una talla única. Necesita adaptarse a medida que cambias y creces, como esos pantalones elastizados que compraste en una oferta (gran inversión, por cierto).

Frugalismo para jóvenes adultos

1. **El poder del interés compuesto**: Empieza a invertir temprano. Es como plantar un árbol del dinero: cuanto antes lo plantes, más grande crecerá.

2. **Vivir como estudiante (incluso después de graduarte)**: Mantén ese estilo de vida austero un poco más. Tu yo futuro te lo agradecerá cuando no estés pagando préstamos estudiantiles hasta tu jubilación.

3. **Construyendo un historial crediticio responsablemente**: Es como criar a una mascota financiera. Aliméntala regularmente con pagos a tiempo, pero no la sobrealimentes con

deudas excesivas.

Frugalismo en la mediana edad

1. **Equilibrio entre ahorro y disfrute**: No pospongas toda la diversión para la jubilación. Es como guardar todo el helado para el final de la comida: podría derretirse antes de que llegues a él.

2. **Inversión en desarrollo profesional**: Gastar en mejorar tus habilidades no es un gasto, es una inversión. Es como afilar tu hacha financiera.

3. **Enseñando frugalidad a los hijos**: Transmite tus conocimientos frugales. Es como crear tu propio ejército de mini-ahorradores.

Frugalismo en la jubilación

1. **Reevaluación de necesidades vs. deseos**: Tus prioridades cambian. Quizás ya no necesites ese abono anual al parque de atracciones, pero un buen sillón reclinable podría ser una inversión sólida.

2. **Maximizando beneficios y descuentos para mayores**: ¡Es hora de sacar provecho a esos descuentos de jubilados! Es como tener un superpoder financiero que has estado esperando activar toda tu vida.

3. **Equilibrio entre conservación y disfrute del patrimonio**: No seas tan frugal que termines siendo el jubilado más rico del cementerio. Disfruta de los frutos de tu trabajo, pero con moderación.

Adaptando el frugalismo a grandes cambios de vida

1. **Matrimonio**: Fusionar finanzas puede ser más complicado que decidir de qué lado de la cama dormir. Comunícate abiertamente sobre metas financieras y hábitos de gasto.

2. **Hijos**: Los niños son como pequeñas máquinas de gastar dinero con pies. Adapta tu presupuesto, pero no olvides seguir ahorrando para tu futuro.

3. **Cambio de carrera**: Puede que necesites aflojar temporalmente tu frugalidad mientras te

estableces en un nuevo campo. Es como dar un paso atrás para tomar impulso.

4. **Divorcio o pérdida de un ser querido**: En tiempos difíciles, el frugalismo puede ser tu salvavidas financiero. Pero también recuerda que está bien gastar en tu bienestar emocional.

En conclusión, superar los desafíos del estilo de vida frugal es como navegar por un campo de minas financiero. Requiere equilibrio, adaptabilidad y una buena dosis de sentido del humor. Recuerda, el objetivo del frugalismo no es vivir una vida de privaciones, sino una vida de libertad financiera y satisfacción personal.

Así que ahí lo tienes, valiente frugalista. Armado con estas estrategias, estás listo para enfrentar cualquier desafío que el mundo consumista te lance. Recuerda, cada vez que resistes una compra innecesaria, ganas una pequeña batalla en la guerra por tu libertad financiera. ¡Ahora sal ahí y muestra al mundo que ser frugal no significa ser aburrido, sino ser astuto, creativo y libre!

10

Mi vida transformada por el frugalismo

F elicidades, master del ahorro! Has llegado al capítulo final de nuestra odisea frugal. Es hora de echar la vista atrás y maravillarnos con el camino recorrido, desde aquellos oscuros días de gastos descontrolados hasta el resplandeciente presente de libertad financiera. En las próximas páginas, emprenderemos un viaje nostálgico salpicado de risas, algunas lágrimas (de alegría por todo el dinero ahorrado, claro está) y, por supuesto, valiosas lecciones aprendidas. Prepárate para un recorrido por la transformación radical de mi día a día: desde mis hazañas como comprador compulsivo hasta convertirme en un auténtico ninja del ahorro.

Cambios significativos en mi día a día

De comprador compulsivo a ninja del ahorro

Recuerdo aquellos días en los que mi tarjeta de crédito echaba humo de tanto usarla. Era como si tuviera un imán incorporado que me atraía irremediablemente hacia cada tienda del centro comercial. Mis armarios estaban tan llenos que temía que, si añadía una prenda más, toda la casa implosionaría creando un agujero negro de ropa apenas usada.

Ahora, mi rutina diaria es muy diferente. En lugar de pasar horas navegando por sitios de compras online, dedico ese tiempo a actividades más productivas, como intentar batir mi propio récord de cuántos días puedo usar la misma camiseta sin que nadie lo note (mi récord actual es 5, pero estoy trabajando en superarlo).

Mis mañanas ya no comienzan con el ritual de «qué me pongo hoy entre las 500 opciones idénticas que tengo». Ahora, mi armario cápsula hace que vestirme sea tan fácil como preparar un sándwich de mantequilla de cacahuete. Y hablando de comida...

De «chef de microondas» a maestro de la cocina frugal

Hubo un tiempo en el que mi relación con la cocina era similar a la de un gato con el agua. Mi repertorio culinario consistía en tres platos: cereal con leche, sándwich de cualquier cosa que no estuviera verde en la nevera, y «sorpresa del microondas» (que generalmente era una sorpresa para mi estómago también).

Ahora, soy capaz de convertir una lata de garbanzos y algunas verduras al borde del olvido en un festín digno de un rey (bueno, tal vez de un rey muy poco exigente). He descubierto que cocinar no solo es más barato, sino que también es una forma excelente de impresionar a las visitas. «¿Este pan lo has hecho tú?» es una frase que escucho a menudo, generalmente seguida de «¿Estás seguro de que es comestible?».

De «siempre ocupado» a maestro del tiempo libre frugal

Antes, mis fines de semana eran una vorágine de actividades caras y agotadoras. Creía que si no gastaba al menos 100 euros en entretenimiento, no me estaba divirtiendo lo suficiente.

Ahora, he descubierto la alegría de los placeres simples y gratuitos. Un paseo por el parque se ha convertido en mi nueva «salida de compras», solo que en lugar de gastar dinero, colecciono piedras interesantes y recibo miradas extrañas de los transeúntes.

He redescubierto la biblioteca pública, ese mágico lugar donde los libros son gratis y nadie te juzga por pasar horas sentado en un sillón cómodo. Es como tener una mansión llena de libros, solo que no tienes que preocuparte por el mantenimiento o los impuestos sobre la propiedad.

LOGROS PERSONALES Y FINANCIEROS GRACIAS AL FRUGALISMO

El milagro de la cuenta bancaria creciente

Recuerdo la primera vez que vi mi cuenta bancaria crecer en lugar de disminuir. Fue como presenciar un milagro, comparable a ver a tu gato usar el retrete o a un político cumpliendo sus promesas.

Lo que comenzó como un pequeño charco de ahorros se ha convertido en un océano de seguridad financiera. Bueno, tal vez no un océano, pero definitivamente un lago respetable. Ya no me da un mini infarto cada vez que llega una factura inesperada.

He pasado de vivir de nómina en nómina a tener un fondo de emergencia sólido. Es como tener un airbag financiero, solo que en lugar de inflarse en caso de accidente, evita que te estrelles en primer lugar.

La libertad de decir «no»

Uno de los logros más significativos ha sido la libertad de decir «no». No a trabajos que no me apasionan, no a compromisos sociales que no me entusiasman, y definitivamente no a esa suscripción de calcetines mensuales que parecía una buena idea después de tres copas de vino.

Esta libertad me ha permitido dedicar más tiempo y recursos a las cosas que realmente me importan. He podido viajar (de manera frugal, por supuesto), aprender nuevas habilidades (resulta que puedo tocar la armónica... mal, pero puedo), y pasar más tiempo con mi familia (lo cual es genial, excepto cuando intentan que pague la cena).

El superpoder de la creatividad frugal

El frugalismo ha despertado en mí una creatividad que no sabía que tenía. Ahora puedo mirar un palet abandonado y ver un jardín vertical en potencia. Puedo transformar una camiseta vieja en un juguete para mi gato (aunque el gato sigue prefiriendo la caja en la que vino).

Esta creatividad se ha extendido a otras áreas de mi vida. En el trabajo, soy conocido como el "solucionador de problemas", principalmente porque puedo arreglar la fotocopiadora con un clip y un chicle (una habilidad que, sorprendentemente, no impresiona tanto a las chicas como esperaba).

Nueva perspectiva sobre el éxito y la felicidad

Redefiniendo el éxito

Hubo un tiempo en el que medía mi éxito por el tamaño de mi televisor o por cuán cerca estaba mi coche de ser un Transformer. Ahora, mi definición de éxito ha cambiado drásticamente.

El éxito para mí ahora es la libertad de elegir cómo paso mi tiempo. Es poder dormir tranquilo por la noche sabiendo que tengo mis finanzas bajo control. Es la satisfacción de saber que puedo enfrentar cualquier desafío financiero que la vida me lance (bueno, casi cualquiera... si un meteorito de oro puro cae sobre mi casa, puede que necesite algo de ayuda).

La felicidad en las cosas pequeñas

He descubierto que la felicidad no se encuentra en el fondo de una bolsa de compras, sino en las experiencias y relaciones que cultivo. La alegría de una noche de juegos con amigos, la satisfacción de terminar un libro, el orgullo de cultivar mi propio tomate (aunque terminó siendo del tamaño de una uva).

He aprendido a apreciar lo que tengo en lugar de anhelar constantemente lo que no tengo. Es liberador darse cuenta de que no necesito el último gadget para ser feliz. Aunque, debo admitir, todavía miro con nostalgia esos anuncios de robots aspiradores. ¿Quién no quiere un pequeño R2-D2 limpiando su casa?

El frugalismo como estilo de vida, no como privación

Quizás el cambio más significativo ha sido darme cuenta de que el frugalismo no es una sentencia de privación perpetua, sino un camino hacia la libertad y la satisfacción. Ya no veo el frugalismo como una dieta financiera estricta, sino como una forma de nutrición para mi billetera y mi alma.

Cada decisión frugal que tomo no es una renuncia, sino una afirmación de mis valores y metas. Cada euro que ahorro es un voto por el tipo de vida que quiero llevar. Y déjenme decirles, mi yo futuro me está dando un pulgar arriba (y probablemente riéndose de mis intentos de hacer yoga en casa para ahorrar en clases).

Conclusión: Un viaje que nunca termina

Y así, querido lector, llegamos al final de nuestro viaje... o ¿es realmente el final? La verdad es que el camino del frugalismo es como una de esas cintas de correr: sigues avanzando aunque te quedes en el mismo lugar. Pero a diferencia de las cintas de correr, este viaje realmente te lleva a alguna parte: hacia una vida de libertad financiera, satisfacción personal y un armario sorprendentemente organizado.

Reflexionando sobre mi transformación, me doy cuenta de que el frugalismo me ha dado mucho más de lo que jamás esperé. No solo he ganado control sobre mis finanzas, sino que he ganado una nueva perspectiva sobre la vida, nuevas habilidades (algunas útiles, otras... bueno, digamos que mi familia aún no aprecia mi talento para hacer esculturas con rollos de papel higiénico), y una comprensión más profunda de lo que realmente importa.

¿Ha sido fácil? No siempre. Ha habido momentos en los que he mirado con nostalgia esos zapatos de diseñador en el escaparate, o he tenido que explicar por decimoquinta vez por qué no, no necesito el último iPhone. Pero cada desafío superado, cada tentación resistida, ha sido un paso más hacia la persona que quiero ser.

El frugalismo me ha enseñado que la verdadera riqueza no se mide en euros, sino en libertad, en paz mental y en la capacidad de reírse de uno mismo (especialmente cuando tus intentos de corte de pelo DIY salen terriblemente mal).

Así que, mientras cierro este capítulo (literalmente), te invito a ti, valiente lector, a embarcarte en tu propio viaje frugal. Será un viaje lleno de desafíos, risas, algunos errores vergonzosos y muchos, muchos momentos de «¿por qué no empecé esto antes?».

Recuerda, el frugalismo no se trata de privarte de todo placer en la vida. Se trata de encontrar placer en las cosas que realmente importan. Se trata de vivir de acuerdo con tus valores, de tomar el control de tu vida financiera y, en el proceso, descubrir una versión de ti mismo que ni siquiera sabías que existía.

Y quién sabe, tal vez algún día nos crucemos en la sección de ofertas del supermercado, comparando precios de papel higiénico con la intensidad de quien compara acciones en Wall Street. Hasta entonces, que tus ahorros sean abundantes, tus gastos sabios, y que siempre encuentres una moneda perdida en el bolsillo de tu abrigo.

¡Buena suerte y feliz ahorro!

Epílogo: Consejos y trucos de la comunidad frugal

Querido lector frugal,

Si has llegado hasta aquí, felicidades. Has sobrevivido a un maratón de consejos de ahorro, chistes malos sobre dinero y más analogías financieras de las que cualquier ser humano debería soportar. Pero antes de que cierres este libro y lo uses como un elegante soporte para tu taza de café casero (porque, seamos honestos, los posavasos son un gasto innecesario), permíteme compartir contigo algunos consejos y trucos adicionales de nuestra creciente comunidad de frugalistas.

Estos son trucos reales compartidos por personas reales* (*tan reales como el yeti o las ofertas sin letra pequeña) que han aplicado los principios del frugalismo en sus vidas. Prepárate para reír, llorar y, posiblemente, sentir una repentina urgencia de revisar tu presupuesto.

1. El truco del papel higiénico invertido

«Pon el rollo al revés. Es menos probable que la gente use demasiado si tiene que esforzarse más». - El Guardián del Papel

Este consejo es brillante en su simplicidad. No solo ahorras en papel higiénico, sino que también obtienes un mini entrenamiento para tus muñecas cada vez que vas al baño. ¡Eficiencia en su máxima expresión!

2. Terapia de pareja frugal

«Mi esposo y yo resolvemos nuestras discusiones viendo quién puede encontrar la mejor oferta en línea en 10 minutos. El ganador tiene la razón y ahorramos dinero. Win-win». - La Pacificadora Económica

¿Quién necesita consejería matrimonial cuando tienes el poder de las ofertas online? Esta técnica no solo salvará tu relación, sino también tu cuenta bancaria.

Además, nada dice «te amo» como encontrar un 2x1 en papel higiénico.

3. El desafío del centavo

«Recoge cada centavo que encuentres en la calle. En un año, junté suficiente para una cena en un restaurante elegante. Aunque tuve que cambiar los centavos en el banco primero; aparentemente, pagar con un cubo de monedas no es *apropiado*». - El Cazador de Centavos

Este consejo te mantendrá en forma y con los bolsillos llenos. Solo asegúrate de no confundir las fuentes públicas con gigantescas huchas. Aparentemente, la policía no aprecia ese nivel de iniciativa frugal.

4. Fitness frugal

«Cancelé mi membresía del gimnasio y ahora hago ejercicio moviendo mis muebles cada semana. Mi casa siempre se ve diferente y mis brazos nunca han estado tan tonificados». - La Decoradora Musculosa

¿Quién necesita pesas cuando tienes un sofá? Este consejo no solo te mantendrá en forma, sino que también confundirá a tus visitas. «¿No estaba la TV en la otra pared la semana pasada?» «Sí, estoy trabajando mis bíceps».

5. La técnica del armario rotativo

«Giro mi armario 180 grados cada mes. De repente, toda mi ropa se siente nueva otra vez. Además, es un buen entrenamiento para la espalda». - El Ilusionista del Vestuario

Esta técnica es genial para refrescar tu guardarropa sin gastar un céntimo. Solo asegúrate de no girar el armario con la ropa dentro, a menos que quieras añadir «búsqueda del tesoro» a tu rutina diaria de vestirse.

6. Corte de pelo multifuncional

«Aprendí a cortarme el pelo yo mismo. Uso el pelo cortado para hacer pequeños cojines. Suaves, ecológicos y un gran tema de conversación cuando vienen visitas». - El Peluquero Recursivo

Este consejo lleva el reciclaje a un nuevo nivel. Solo asegúrate de advertir a tus invitados antes de que se sienten en tus nuevos cojines. «¿Es ese tu pelo?» es una pregunta que querrás anticipar.

7. La dieta del arcoíris

«Como alimentos de un color diferente cada día de la semana. Es saludable, económico y hace que la compra de comestibles sea como una búsqueda del tesoro». - El Gourmet del Espectro

Esta estrategia no solo ahorra dinero, sino que también hace que tus comidas sean más Instagram-ables. Solo ten cuidado con el día azul; las opciones son limitadas a menos que estés dispuesto a experimentar con colorante alimentario.

8. El truco de la ducha temporizador

«Pongo mi canción favorita de 3 minutos cuando me ducho. Cuando la canción termina, yo también». - El DJ de la Ducha

Este consejo no solo ahorra agua y energía, sino que también te da la oportunidad de practicar tus habilidades de karaoke. Solo asegúrate de elegir la canción correcta; «Bohemian Rhapsody» podría llevarte a territorio no frugal.

9. La técnica del congelador vacío

«Lleno botellas de agua y las pongo en el congelador. Un congelador lleno funciona más eficientemente y tengo agua fría en verano». - El Maestro del Hielo

Brillante en su simplicidad. Además, si alguna vez tienes que defenderte de una invasión de pingüinos, estarás bien preparado.

10. El truco de la biblioteca como oficina

«Trabajo desde la biblioteca pública. Wifi gratis, aire acondicionado y acceso instantáneo a recursos. Además, el ambiente silencioso me hace parecer muy productivo». - El Emprendedor Bibliotecario

Este consejo es genial, solo asegúrate de no quedarte dormido sobre los libros. Despertar con la impresión de «Introducción a la Contabilidad» en tu mejilla no es el look más profesional.

Querido lector,

Espero que estos consejos te hayan inspirado, entretenido y, quizás, ligeramente perturbado. Recuerda, el frugalismo es un viaje, no un destino. Es un estilo de vida que puede llevarte a lugares que nunca imaginaste (como el contenedor de reciclaje detrás del supermercado a las 2 de la mañana, buscando cajas para tu próximo proyecto de muebles).

Mientras cierras este libro y te preparas para embarcar en tu propia aventura frugal, permíteme dejarte con un último pensamiento:

El verdadero frugalista no solo ahorra dinero; ahorra recursos, ahorra el planeta y, lo más importante, ahorra su libertad para vivir una vida alineada con sus valores. Así que sal ahí, sé creativo, ríe mucho y recuerda: la mejor oferta de todas es la satisfacción de una vida bien vivida, sin importar cuánto cueste.

Y si alguna vez te sientes solo en tu viaje frugal, recuerda que hay toda una comunidad de locos... perdón, entusiastas como tú, haciendo almohadas con su propio pelo, convirtiendo sus casas en gimnasios improvisados y encontrando la iluminación en la sección de ofertas del supermercado.

Hasta la próxima, que tus ahorros sean grandes y tus gastos pequeños. Y recuerda, si alguna vez nos encontramos, puedes reconocerme: seré el tipo con el abrigo hecho de bolsas de té usadas, sonriendo todo el camino hasta el banco.

Con frugalidad y humor,

Nico Samfer, Gurú del Frugalismo, Maestro del Ahorro, y Ocasional Coleccionista de Clips

P.D.: Si has disfrutado de este libro, considera recomendárselo a un amigo. Es la forma más frugal de publicidad, y hey, ¡podrías salvar a alguien de la temida enfermedad del «derrochismo crónico»!

P.P.D.: No, en serio, cierra el libro ahora (o disfruta del regalo final) y ve a hacer algo frugal. Esas lentejas no se van a cocinar solas, ¿sabes?

30 TRUCOS RÁPIDOS DE FRUGALIDAD

¡ESCANEAME!

¡DESCARGA GRATIS EL EBOOK!

Únete a la revolución del ahorro y descubre cómo vivir mejor gastando menos. Este ebook gratuito está repleto de consejos prácticos y divertidos que harán que tu billetera engorde y tu vida se enriquezca. ¡Descárgalo ahora y comienza tu viaje hacia la libertad financiera!

¿TE HA GUSTADO EL LIBRO?

Escanea este código QR para dejar tu reseña en Amazon. Tu feedback ayuda a otros frugalistas en potencia y me da una excusa para hacer un bailecito de celebración. **¡Gracias por tu apoyo!**

Made in United States
Orlando, FL
16 December 2024